한국인의 거짓말

한국인의 거짓말

1,083개로
읽는 한국인의
거짓말 습관

김형희 지음

25 SIGNALS OF KOREAN LIARS

추수밭

한국인의,
한국인을 위한
거짓말의 모든 것

　　슈퍼맨, 배트맨과 함께 대표적인 슈퍼 히어로인으로 꼽히는 원더우먼의 상징은 묶인 상대에게 진실을 끌어내는 올가미다. 상대방의 거짓말을 간파하는 힘은 시간을 거스르고 하늘을 나는 것 못지않게 오래 전부터 모든 사람이 꿈꾸던 초능력이다. 우리는 살아가면서 거짓말 탐지기가 간절해지는 순간과 수없이 마주하게 된다. 어쩌면 바로 지금 카메라 앞에서 눈물을 흘리는 정치인을, 말을 더듬거리며 눈치를 보는 연인을, 그럴 듯한 제안을 건넨 비즈니스 파트너를 의심했을지도 모른다.

　　모든 사람은 거짓말을 한다. 오늘도 우리는 거짓말을 했고, 또 거짓말에 속았다. 현대인의 대화법과 예의범절은 나를 숨기고 상대방의 속마음을 파악하는 방향으로 발전했다고 해도 과언이 아니다. 그만큼 진실과 거짓을 분별하는 능력은 비즈니스부터 연애에 이르기까지 모든 인간관계에서, 인류 역사의 매순간마다 항상 절실하게 요구되었고, 또 요구되고 있다.

이에 따라 상대방의 거짓말을 간파하는 방법은 이미 식상할 정도로 널리 알려져 있다. 우리는 책에서, 방송에서, 또는 친구들과의 대화에서 이런저런 노하우를 한 번쯤 접해봤을 것이다. '누군가 코를 만진다면 거짓말을 해서 스트레스를 받고 있다는 뜻이다.' '뒤가 켕기는 사람은 상대방의 눈을 똑바로 쳐다보지 못한다.'

어느 날 거짓말을 간파하는 방법에 대한 조언들을 듣다가 문득 어떤 의문을 품게 되었다. 전문가들의 이야기를 일상에 적용해도 과연 들어맞을까? 저렇게 반복해서 거짓말을 간파하는 방법에 대해 널리 알려주는데 우리는 왜 자주 속을까? 혹시 거짓말을 간파하는 방법 자체가 거짓말은 아닐까?

이러한 생각은 거짓말에 대한 연구로 이어졌다. 그리고 오랫동안 다양한 문헌 자료들을 수집하고 교차 분석한 끝에 수많은 석학들이 이야기해준 거짓말에 대한 조언들은 신뢰할 만하다는 결론을 내렸다. 다만 오래전 서구권을 중심으로 나온 연구 결과가 대부분이기에 2010년대 한국의 일상에는 적용할 수 없을 뿐이었다. 각 문화권에 따라 언어가 다르고 습속이 다르다면, 당연히 한국인들에게도 거짓말을 할 때 한국인만의 고유한 특징이 있을 것이다.

그러나 한국인을 위한, 한국인에 의한 거짓말 연구는 아직까지 제대로 알려지지 않았다. '한국인의 거짓말'에 대해 알기 위해서는 직접 조사하는 수밖에 없었다. 그래서 이번에는 문헌 밖으로 나와 일상으로 들어간 다음 직접 발로 뛰어다니며 우리 이웃들의 거짓말 습관 사례를 수집했다. 이를 1,083개로 정리하고 언어적 단서, 목소리 단서, 바디랭귀지 단서로 세분화한 다음 분석하니 몇 가지 재미있는 결과가 나왔다. 한국의 남성과 여성이 거짓말을 할 때 각기 다른 전략을 취하는 현상은 그 가운데 하나다.

이렇게 한국인의 거짓말에 대해 매달리다 보니 5년이라는 시간이 훌쩍 지나 있었다. 기존의 거짓말에 대한 상식들과 실제 수집한 한국인의 거짓말 사례를 대조한 끝에 내린 결론을 간단하게 정리하자면 이렇다. 종종 그래왔던 것처럼, 상식은 나를 배신했다. 《한국인의 거짓말》은 바로 이를 한 권으로 정리한 결과다.

우리에게 거짓말이란 무엇일까?

"조선인은 남을 속이는 경향이 매우 강하다. 남을 속이면 부끄럽게 생각하지 않고 오히려 잘한 일로 여긴다."

"어찌하면 이 민족을 현재의 쇠퇴에서 건져 행복과 번영의 장래로 인도할까 생각하는 형제자매에게 드립니다. (중략) 첫 번째, 거짓말과 속이는 행실이 없게 함이니."

각각 하멜이 남긴 《하멜표류기》와 도산 안창호가 주창한 〈민족개조론〉

에 언급된 대목이다. 삼백 년의 시공을 넘어 교과서에도 등장하는 두 위인이 모두 한국인의 거짓말에 대해 지적하고 있는 것이다. 실제로 한국은 OECD 사기 범죄 1위 국가(2013년 WHO 조사)다. 누군가는 이를 근거로 '한국인의 혈관에는 피 대신 거짓말이 흐른다'고까지 한다. 2016년 6월에는 일본의 한 경제잡지에 게재된 어떤 기사가 한국에서 크게 논란이 되기도 했다. 그 내용을 요약하자면 이렇다. "한국인은 거짓말을 잘하고, 한국은 세계 최고의 사기 대국이다." 일본 경제잡지의 지적은 이른바 '혐한 비즈니스'의 일환으로 볼 수 있다. 그러나 상술로 치부하고 넘기기에는 석연찮은 부분도 있다. 우리 자신부터 우리 스스로를 의심하기 때문이다. '외국에 나가면 한국인만 조심하면 된다'는 이러한 우리의 속내를 잘 보여주는 말이다.

거짓말이 빈번한 현상에는 두 가지가 전제된다. 하나는 자주 속이는 가해자가 있어야 하고, 또 하나는 자주 속는 피해자가 있어야 한다. 만약 한국인이 거짓말을 잘한다면, 그만큼 잘 속는다는 의미도 된다. 《한국인의 거짓말》에서는 이에 대한 이야기도 아울러 하고자 한다. 즉 1,083개 사례를 바탕으로 '한국인들은 어떻게 거짓말하는지'를 분석한 다음 이러한 한국인의 거짓말을 간파하는 방법에 대해 궁리하는 데 그치지 않고, '한국인들은 왜 거짓말에 잘 속는지'에 대한 고민으로 이야기를 확장하고자 했다.

닉슨 미국 대통령은 워터게이트 때문이 아니라 워터게이트에 대한 거짓말 때문에 실각했다. 한편으로는 하멜의 지적처럼 거짓말이 하나의 덕목으로 인정받는 세상이기도 하다. 우리는 거짓말을 하지 말아야 하면서도 거짓말을 잘해야 하는 시대를 살고 있다. 바로 그렇기 때문에 우리는 우리가 어떻게 거짓말을 하고, 왜 거짓말을 하는지에 대해 똑바로 바라볼 수 있어야 한다. 그것이 '한국인의 거짓말'에 대한 고민의 첫걸음이자 결론이다.

이 자리를 통해 쉽지 않은 거짓말 실험에 참여해주신 모든 분들과 5년이라는 긴 시간을 버틸 수 있도록 도움을 주신 분들께 깊은 감사를 전한다. 그리고 나를 끝까지 믿고 응원해준 친구들과 가족에게 이 책을 바친다.

2016년 11월

김형희

들어가는 말 한국인의, 한국인을 위한 거짓말의 모든 것 ···**05**

PART 1 한국인은 왜 거짓말을 잘하는가?

CHAPTER 1 / 한국인은 한국인의 거짓말을 모른다
한국인의 거짓말은 다르다 ···**19**
거짓말을 잘하는 한국인들 ···**22**
사소하지만 치명적인 일상의 거짓말 ···**25**

CHAPTER 2 / 거짓말 잘하는 한국인들
거짓말로 살아남은 사람들 ···**28**
속이는 사람 옆에는 속는 사람이 있다 ···**31**

CHAPTER 3 / 한국인은 거짓말에 잘 속는다
욕심에 취약한 한국인 ···**37**
거짓말에 대해 무지한 사회 ···**40**

PART 2 한국인은 어떻게 거짓말을 하는가?

CHAPTER 1 / 한국인들을 위한 거짓말 실험
거짓말에 관한 세 가지 이론 ···**47**
한국인을 위한 거짓말 실험의 시작 ···**50**

CHAPTER 2 / 한국인의 거짓말 신호 25가지

SIGNAL 1 가장 많이 나타나는 단서, 안면비대칭 ⋯56

SIGNAL 2 길게 말하는 남성, 짧게 말하는 여성 ⋯59

SIGNAL 3 말의 힘을 키우는 특정 단어 반복 ⋯64

SIGNAL 4 거짓말을 알려주는 눈 깜박임 ⋯66

SIGNAL 5 간지러워지는 입술과 침 바르기 ⋯69

SIGNAL 6 거짓말을 준비하는 의미 없는 소리 ⋯71

SIGNAL 7 눈동자가 움직이면 거짓말이 만들어진다 ⋯76

SIGNAL 8 스쳐 지나가는 거짓말 단서, 미세표정 ⋯79

SIGNAL 9 거짓말에는 역시 거짓 미소 ⋯86

SIGNAL 10 상대방의 말을 반복하며 시간을 끌기 ⋯88

SIGNAL 11 거짓말이 새어 나오지 않도록 입을 꽉 다물기 ⋯90

SIGNAL 12 웃는 얼굴의 거짓말쟁이들 ⋯91

SIGNAL 13 모든 단서를 차단하는 무표정 ⋯94

SIGNAL 14 몸을 움직여 마음을 진정시키는 행동 ⋯96

SIGNAL 15 자신의 권위를 높이기 위해 올리는 아래턱 ⋯98

SIGNAL 16 거짓말의 목소리는 높다 ⋯99

SIGNAL 17 가장 전형적인 거짓말 단서, 말실수 ⋯101

SIGNAL 18 거짓말은 침과 함께 넘어간다 ⋯103

SIGNAL 19 고개를 끄덕여 상대방을 조종한다 ⋯104

SIGNAL 20 한국인은 거짓말할 때 코를 만지지 않는다 ⋯106

SIGNAL 21 침묵은 거짓말이다 ⋯107

SIGNAL 22 거짓말은 앞과 뒤가 다르다 ⋯110

SIGNAL 23 흔들리는 눈은 입보다 많은 말을 한다 ⋯111

SIGNAL 24 가시방석에 앉은 것처럼 흔들리는 의자 ⋯113

SIGNAL 25 어떤 거짓말은 어떤 징조도 보이지 않는다 ⋯115

CHAPTER 3 / 한국인의 거짓말 실제 사례 분석

거짓말에도 레벨이 있다 ···120

거짓말은 3~7개의 단서를 흘린다 ···122

한국인들은 이렇게 거짓말한다 ···132

■ 남녀의 대화로 보는 거짓말 신호 ···142

PART 3 한국인의 거짓말에 어떻게 대처해야 하는가?

CHAPTER 1 / 거짓말을 찾아내는 네 가지 방법

먼저 타인에게 관심을 가져라 ···147

거짓말의 신호들을 통합하고 분석하라 ···152

'불'과 '얼음'을 함께 활용하라 ···160

의심이 들면 시험하라 ···166

CHAPTER 2 / 거짓말을 잘하는 다섯 가지 방법

마음을 비워라 ···172

남을 속이려면 스스로부터 속여라 ···173

거짓말도 연습해야 는다 ···174

상대방에게 예민하게 반응하라 ···175

신뢰를 구축하라 ···178

CHAPTER 3 / 한국인들은 어떤 거짓말을 할까?

개인의 이익을 위한 거짓말 ···180

벌을 피하기 위한 거짓말 ···183

병적인 거짓말 ···187

남을 돕기 위한 거짓말 ···190

자기 자신에게 하는 거짓말 ···193

CHAPTER 4 / 거짓말을 대하는 우리의 자세

거리를 두고 관찰하고, 믿음이 갈수록 의심하라 ···196

속은 기억으로부터 빨리 벗어나라 ···198

■ 거짓말 체크 시트 + 실제 사례 ···201

나가는 말 거짓말에 대한 거짓말 ···203

참고문헌 ···212

한국인은 왜 거짓말을 잘하는가?

PART 1

우리는 속는 것이 아니다.
우리 스스로 자신을 속이는 것이다. _괴테

CHAPTER 1

한국인은
한국인의 거짓말을 모른다

30대 직장인인 A는 느닷없이 10대 소녀를 성폭행한 혐의로 구속되었다. 16세 소녀인 B가 A에게 성폭행을 당했다고 주장하면서부터였다. A는 B를 전혀 알지도 못하고 성폭행이 벌어진 장소라는 모텔 주변에 가본 적도 없다면서 억울함을 호소했다. 경찰 수사 결과 A의 주장은 사실이었다. B가 임신을 하게 되면서 부모의 추궁이 두려워 일면식도 없는 A에게 성폭행을 당했다고 둘러댄 거짓말이 걷잡을 수 없이 커진 것이었다. A는 결백을 입증했지만 이미 많은 것을 잃은 뒤였다. 다니던 직장에서는 권고사직을 당했고, 옮기기로 한 새 직장에서도 입사가 취소되었다. 당장의 처벌을 면피하려고 둘러댄 사소한 거짓말이 한 사람이 오랫동안 준비해온 미래를 송두리째 흔든 것이다.

'거짓말'은 감정적인 뉘앙스를 가진 단어다. 우리가 '거짓말'이라는 단어를 꺼낼 때를 돌이켜보면 대부분은 부정적인 상황에서다. 앞의 사례에서처럼 거짓말은 아무리 사소한 것일지라도 한 사람의 운명을 바꾸는 매우 강력한 힘을 가지고 있기 때문에 무의식적으로 경계할 수밖에 없기도 하다.

나는 오래전부터 이러한 거짓말의 의미와 힘에 대해 관심을 가져왔다. 사람들은 무슨 거짓말을 할까? 왜 거짓말을 할까? 어떻게 거짓말을 할까? 단 한 마디의 거짓말이 한 사람의 운명에 얼마나 큰 영향을 줄 수 있을까? 거짓말은 정말 나쁘기만 한 것일까? 거짓말을 할 때 우리의 뇌에서는 어떤 일들이 발생할까? 이런 질문들에 대한 답을 찾기 위해 수많은 문헌들을 조사했다. 거짓말은 인류가 전 역사에 걸쳐 고민하고 연구했던 영역이기도 하다. 그만큼 많은 성과가 쌓여 있고, 그 가운데 상당수는 대중들에게도 널리 알려졌다. 다만 대부분은 서구권에서 연구된 결과였기 때문에 이를 읽어나가기 위해서는 외국어들을 따로 습득해야 하는 어려움이 있었다.

이렇게 거짓말에 대한 자료를 수집하는 과정에서 재미있는 가정 하나를 자연스럽게 떠올리게 되었다. 한국인의 거짓말에 대한 자료는 왜 찾기가 어려운 것일까? 혹시 거짓말에 자주 속는 나를 비롯한 우리 '한국인들의 거짓말'은 아직까지 해명되지 못한 것은 아닐까? 문화와 역사와 언어가 다른 것처럼 한국인들은 여러 연구 자료에서 자세하게 분석된 외국인들의 사례와는 다르게 거짓말을 하지 않을까? 이러한 물음을 해결하기 위해 여러 자료를 샅샅이 뒤져봤지만 전문적인 논문 몇 편을 제외하고는 한국인들의 거짓말에 대해 분석한 대중적인 도서를 찾는 것은 쉽지 않았다. 한국인들은 한국인의 거짓말을 모르고 있었다.

한국인의 거짓말은 다르다

/

2014년 미국 하버드대학교 경영대학원 연구팀은 특정 상황에서 정직성과 창의력과의 연관관계를 알아보는 실험을 진행했다. 실험 결과 창의력이 높은 사람일수록 부정행위를 쉽게 저지른다는 사실을 발견했다.

로버트 펠드먼 미국 매사추세츠 주립대 심리학과 교수는 한 가지 실험을 했다. 100여 명의 실험 참가자들이 두 명씩 짝을 지어 10분 동안 서로를 소개하는 대화를 나누도록 했다. 그리고 대화 전 과정을 분석하자 각 커플들 사이에서 10분 동안 평균 3회의 거짓말이 오고갔음을 확인했다.

1977년 미국 서던캘리포니아대학 연구팀 20명의 몸에 소형 마이크를 부착한 다음 하루에 거짓말을 얼마나 했는지 조사했더니 평균 200회의 거짓말을 한다는 결과가 나왔다.

2012년 미국 노트르담대학교 애니타 켈리 심리학과 교수와 연구진은 건강과 거짓말에 관한 상관관계를 밝혀내기 위한 실험을 진행했다. 실험은 성인 110명을 대상으로 10주에 걸쳐 진행되었으며 참가자 가운데 35%는 성인으로, 65%는 대학생으로 설정했다. 참가자의 연령대는 18세에서 71세까지 매우 넓었으며 평균 연령은 31세였다. 연구 결과에 따르면 미국인들은 일주일에 평균 11회의 거짓말을 했다.

2013년 네덜란드 암스테르담대학교 연구팀은 과장하거나 속이기를 좋아하는 사람들을 제외하고 일반 사람들은 대체로 정직하다는 연구 결과를 발표했다. 연구팀은 실험에서 527명의 네덜란드 사람들을 대상으로 최근 24시간 동안 거짓말을 한 적이 있느냐고 질문을 하자, 41%의 사람들은 전혀 거짓말을 하지 않았다고 응답했다. 51%의 사람들은 1~5번의 거짓말을, 나머지 8%는 여섯 번 이상의 거짓말을 했다고 답했다.

2010년 영국 런던과학박물관은 성인 남녀 3,000명을 대상으로 거짓말을 얼마나 많이 하는가를 조사했다. 조사 결과에 따르면 남성은 하루에 평균 세 번이었고 여성은 하루에 평균 두 번이었다. 남성은 술을 많이 마시지 않았다는 거짓말이 1위를 차지했고, 여성은 잘 지내고 있다는 거짓말이 1위를 차지했다.

2015년 호주의 UTS 비즈니스 스쿨과 한 광고 에이전시는 여성이 남성보다 소셜미디어에서 더 많이 거짓말을 한다는 조사 결과를 발표했다. 페이스북, 트위터, 인스타그램 등의 소셜미디어 포스팅 수십만 건을 분석하자 64%는 여성이, 36%는 남성이 거짓말을 했다는 결과가 나왔다.

서구권 국가들에서 진행했던 거짓말과 관련된 실험 사례들을 몇 가지 소개했다. 이 가운데에서 공감이 가는 것도 있는 반면, 선뜻 동의하기 힘든 결과도 있을 것이다. 서구권 국가가 결코 세계의 기준도 아니고, 서구인들이 세계를 대표하지도 않는다. 그럼에도 우리는 미국을 비롯한 다른 서구권 국가들에서 진행된 심리학 실험 결과만을 토대로 한국인의 마음과 심리를 짐작하고 있었다.

　또한 앞에서 소개한 실험들은 그 자체로도 허점이 있다. 10분에 세 번 거짓말한다는 결과는 특수한 상황에서 진행된 실험에서 나온 것이다. 우리 일상은 남성과 여성이 처음 만나 마주보고 대화를 나누는 상황과 꼭 일치하지는 않는다. 성별, 나이, 학력 수준 등에 따라 거짓말을 하는 횟수가 달라질 수도 있다. 하루에 200번 거짓말을 했다는 결론을 얻은 실험도 마찬가지다. 실험 참가자가 20명밖에 되지 않았으며, 실험이 진행된 시기는 지금으로부터 40년 전인 1977년이다.

　물론 기술의 발달로 점점 좁아지고 있는 세계에서 전 인류에게 적용되는 거짓말에 대한 공통적인 특징이나, 시간이 지나도 새겨들을 만한 보편적인 통찰은 분명히 존재한다. 다르게 생각하자면 각각의 문화권에 따라 달라지는 거짓말의 특성과 의의 또한 있을 것이다. 예를 들어 한국인들은 해외 여성잡지들에서 자주 소개하는 것처럼 이성을 유혹하기 위해 술잔을 묘하게 만지작거리지도 않으며, 클린턴 전 대통령이 섹스 스캔들을 해명할 때처럼 거짓말을 할 때 특별히 코를 만지작거리지도 않는다.

거짓말이 아닌 '한국인의 거짓말'을 알기 위해서는 한국인들의 거짓말에 대해 실험한 결과가 필요하다.

그렇게 나는 도서관과 연구실을 나와 일상으로 들어갔다. 한국인이 어떻게, 그리고 왜 거짓말을 하는지를 알기 위해서는 직접 우리 이웃들을 만나 실험을 해가며 스스로 데이터를 축적하고 분석해야 했다. 그 결과 한국인들이 어떻게 거짓말을 하는지에 대한 자료를 정리하기에 앞서 이렇게 중간 결론을 내리게 되었다. 한국인들은, 정말 거짓말을 잘한다.

거짓말을 잘하는 한국인들

/

'거짓말을 잘한다'는 말에는 두 가지 의미가 들어 있다. 하나는 거짓말을 많이 한다는 것이고, 다른 하나는 거짓말의 단서가 잘 드러나지 않게 효과적으로 타인을 속일 수 있다는 것이다. 우리는 자조적으로 '한국인들은 거짓말쟁이'라고 하지만, 실제로 2013년 세계보건기구(WHO)가 발표한 자료에 따르면 한국은 전체 범죄 대비 사기 범죄 비율에서 세계 1위 국가다. 2014년 호텔즈닷컴이 실시한 설문 조사에 따르면 한국은 휴가 및 여행 경험과 관련해 거짓말을 많이 하는 나라 3위에 랭크되었다. 검찰청에서 공개한 범죄 분석 통계자료에 따르면 2013년 발생한 범죄 가운데 사기 사건은 27만 4,086건으로 조사되었다. 이는 같은 기간 일본의

3만 8,302건보다 7.2배 더 많은 수치다. 인구 대비로 따지자면 그 수치는 더욱 올라갈 것이다.

물론 이러한 비교에는 국가 간 사법 문화의 차이를 반영하지 않은 통계적인 허구가 포함되어 있다. 그러나 이러한 수평 비교가 가진 함정을 감안하더라도 한국의 사기 범죄율이 두드러진다는 사실 자체를 부정하지는 못할 것이다. 세계 가치관 조사World Values Survey에서 1995년부터 2014년까지 한국, 중국, 일본, 독일, 미국 등 5개국의 20대 가치관을 조사한 결과 가운데 한국 20대들의 타인에 대한 보편적인 신뢰도가 32.9%(2005~2009년 조사)에 불과한 것 또한 이러한 사실을 반영한 수치라고 할 수 있다.

한국에서 살아가는 사람이라면 누구나 한 번쯤은 거짓말에 속아 금전적으로 많든 적든 피해를 봤던 경험이 있을 것이다. 아무리 거짓말을 경계해도 거짓말로 남을 속여 부당 이득을 얻는 범죄행위는 날이 갈수록 교묘해지고 있다. 더 큰 문제는 청소년들의 거짓말 관련 범죄가 증가하고 있다는 것이다. 학교에서 인기가 많은 청소년 가운데 하나는 선생님을 비롯한 어른들을 멋지게 속일 줄 아는 부류다. 하지만 사기 범죄는 가해자의 일방적인 시도로만 성립되지 않는다. 한국의 사기 범죄율이 높다는 것은 한국인들이 얼마나 거짓말에 잘 속는지를 보여주기도 한다.

전화 금융 사기인 보이스피싱 범죄는 이미 농담 소재로도 활용될 만큼 일상으로 자리 잡은 지 오래다. 이들의 범죄 수법은 경찰, 검사, 금융감독

원 직원 등 신뢰가 가는 직업인을 사칭해 사기 대상의 심리를 쥐락펴락 하면서 대포통장에 돈을 입금시키도록 유도하는 방식이다. 최신 정보에 어두운 노인층이나 어수룩한 사람들이 주로 피해를 입을 것이라고 생각하기 쉽지만, 실제 피해자들의 면면을 살펴보면 누구라도 보이스피싱 사기꾼들의 먹이가 될 수 있다. 보이스피싱만이 아니다. 강남에 100억 빌딩을 보유하고 있다고 사칭하며 돈을 빌린 사례나 대통령 비자금 창고를 관리하고 있다는 거짓말로 투자자를 속였던 사례는 이미 식상할 정도로 널리 알려진 수법이기도 하다. 오늘도 신문을 펴 보면 대학병원 의사 행세를 하면서 배우자를 속인 여성이 검거되었거나, 국정원 직원 및 군 장교 출신 엘리트를 사칭한 사기꾼이 경찰의 추적을 받고 있다. 사기꾼들은 자신의 지위와 경력 등을 조작해 사람들이 가지고 있는 욕망의 불꽃을 피운다. 거리를 두고 살피면 누구나 이상한 점을 금세 간파할 수 있지만 이들의 엉성한 거짓말에 피해를 입은 이들은 결코 어수룩한 사람들이 아니다.

거짓말과 관련된 범죄는 사기만 있는 것이 아니다. 법정이나 의회의 청문회에서 진실만을 말하겠다고 선서한 증인이 허위 진술을 하는 위증과, 사실이 아닌 일을 거짓으로 꾸며 고소하거나 고발하는 무고 또한 거짓말과 관련된 범죄다. 경찰청 발표 자료에 따르면 무고는 2011년 2,464건이었으나, 2014년 3,123건으로 크게 증가했다. 2016년에 들어서는 유명인들을 대상으로 성추행 또는 성폭행을 당했다는 무고가 잇따라 언론을 통해 크게 보도되면서 사회적 이슈가 되기도 했다. 위증은 2011년 2,212건에서 2014년 2,231건으로 크게 변화가 없지만 2,000여 건이라는 수치 자체가 법정에서 얼마나 많은 거짓말이 발생하는지를 잘 보여준다.

이처럼 법정과 같은 공간에서조차 터무니없을 정도로 과감하게 일단 거짓말부터 지르고 보는 까닭은 간단하다. 그동안 터무니없을 정도로 쉽게 속아주는 사례들을 많이 봐왔기 때문이다. 그리고 설령 거짓말이 들통나더라도 유야무야 넘어가게 되면서 거짓말로 인해 피해본 사람만 억울해지는 사건들에 익숙해졌기 때문이다.

사소하지만 치명적인 일상의 거짓말

/

사람이라면 누구나 거짓말을 한다. 그리고 모든 거짓말이 나쁘지만은 않을 것이다. 자기 자신을 보호하기 위해 어쩔 수 없이 거짓말을 하는 경우도 있으며, 사실을 밝히기가 부끄러워서, 스스로를 과시하기 위해 거짓말을 하는 사람들도 있다. 처벌을 피하기 위해 거짓말을 하는 사람들도 있고, 개인의 이익을 위해 거짓말을 하는 사람들도 있는가 하면 남을 돕기 위해 거짓말을 하는 사람들도 있다. 남성은 여성에게 거짓말을 하고, 여성은 남성에게 거짓말을 한다. 늙은이와 젊은이가, 부모와 자식 간에, 친구 사이에, 처음 보는 사람 사이에서도 거짓말을 한다. 거짓말은 우리에게 일상적인 풍경이기도 하다. 그리고 사기와 같은 심각한 범죄로 이어지는 거짓말뿐만 아니라 일상에서 벌어지는 거짓말들 가운데 어떤 것들은 알게 모르게 우리 삶을 파괴한다.

2014년 4월 16일, 큰 참사 앞에서 텔레비전으로 몰려든 많은 시민들이 '전원 구조'라는 뉴스를 들었다. 이러한 언론의 보도도 엄격하게 따지자면 거짓말이다. 엄밀한 현장 확인이나 어떠한 검증 절차도 거치지 않고 막연한 소문을 사실인 것처럼 보도했기 때문이다. 거짓 뉴스로 인해 피해자 가족들은 더 큰 절망에 빠졌고, 함께 바라보던 시민들 또한 방송과 언론사의 보도에 대해 다시금 의심을 품게 되었다. 2015년 한국을 큰 혼란에 빠뜨린 메르스 사태의 배경에도 거짓말이 있었다. 환자들과 의사의 거짓말이 있었으며, 허위 신고를 한 시민들과 혼란한 틈을 타서 허위 사실을 유포하는 음모론자들이 있었다. 국가 규모의 거대한 사건들뿐만 아니라 학교와 같은 일상에서도 이와 비슷한 일은 얼마든지 일어난다. 청소년은 감정적으로 가장 민감한 시기다. 자신의 감정을 조절하기가 힘든 나이이며, 행동 또한 마찬가지다. 단순히 싫어하는 친구를 골려먹기 위해 유포시킨 작은 거짓말이 걷잡을 수 없이 확산되면서 살이 붙고, 그 거짓말의 피해자가 된 학생이 괴로운 나날을 보내는 사례는 먼 나라가 아닌 우리 주변에서 수없이 일어나고 있는 일들이다. 피해자 학생 가운데 더러는 극단적인 선택까지 하기도 하지만 거짓말은 결코 끝나지 않는다. 직장에서도, 남녀 관계에서도, 입에서 입으로 수많은 거짓말이 공유

되고 있다.

이러한 거짓말은 오늘날 첨단기술을 만나면서 보다 극적으로 변화했다. 어딘가에서 발화된 작은 거짓말은 소셜미디어를 통해 엄청난 속도로 구석구석 전파되며, 전파되는 과정에서 수없이 변화한다. 이렇게 거짓말이 한 번 퍼져나가면 진실을 밝혀도 처음으로 되돌리기 위해서는 많은 시간과 노력이 필요하다. 대부분의 사람들은 사실 확인도 없이, 비판적 사고도 없이 또 다른 사람에게 거짓말을 전달한다. 훗날 거짓이 밝혀지면서 피해자가 오랫동안 억울하게 고통 받았음을 알게 된 사람들은 자신 또한 거짓말에 속은 피해자라고 주장한다.

사람이라면 누구나 거짓말을 한다고 해서 거짓말이 옳은 것은 아니다. 그러나 거짓말을 부끄러워하지 않고, 거짓말에 대한 가해자는 증발된 채 피해자만 남는 지금 여기 한국의 사회 분위기는 '거짓말은 나쁘다'고 강하게 주장하는 교육을 거짓말로 만들고 있다. 한국을 거짓말 공화국으로 만든 바탕에는 바로 이러한 우리의 분열적인 모습이 있다.

CHAPTER 2

거짓말 잘하는
한국인들

거짓말로 살아남은 사람들

"속은 놈이 잘못이지!"

한국에서 살아가면서 이런 말을 한 번쯤은 들었고, 어쩌면 내뱉었을 수도 있다. 거짓말을 해서 누군가에게 손실을 입힌 가해자를 옹호하는 듯한 발언의 밑바탕에는 오래전부터 뿌리 내린 뒤틀린 적자생존의 논리가 도사리고 있다.

모든 사회적인 현상에는 역사적인 배경이 있기 마련이다. 한국인들이 거짓말을 잘하는 이유 또한 우선 역사에서 찾을 수 있다. 누군가는 한국인이 거짓말을 잘한다는 근거로 멀리는 하멜Hendrick Hamel의 조선인 평가부터 가까이는 도산 안창호의 지적에 이르기까지 역사적 인물들의 입을 빌리기도 한다. 그러나 하멜이 내린 평가의 경우 십여 년간 조선 땅에 억류된 채 이방인으로 살아야 했던 혹독한 경험을 감안해야 하고, 안창호 또한 한국인들만의 부도덕함을 지적했다기보다는 신앙생활과 독립운동을 함께하며 신뢰와 정직을 강조했다고 이해해야 한다.

한국의 역사에서는 거짓말을 잘해야만 살아남을 수 있었던 시기가 있었다. 19세기 말에서 21세기 초에 이르기까지 한국의 역사는 백 년 남짓한 기간을 마치 천 년처럼 보낸 숨 가쁜 변화의 시간이었다. 20세기를 앞두고는 국가의 미래를 놓고 개화에서 쇄국까지 수많은 욕망들이 충돌했다. 이윽고 열강들의 침입을 받은 끝에 36년 동안 일제의 식민지 지배를 받았다. 숨 돌릴 틈도 없이 해방이 된 이후에는 곧 한국전쟁을 겪었고 이후 급격한 산업화와 그로 인한 후유증, 민주화와 외환위기에 이르기까지 세계의 어느 역사와 비교하더라도 굉장히 가파르게 줄달음쳤던 역사를 겪어야 했다. 한국인이 파악했던 세계의 중심 또한 청나라에서 일제로, 다시 미국 또는 소비에트 연방으로 쉴 새 없이 바뀌었다. 그 과정에서 우리는 무수히 많은 피를 흘리며 유럽 국가들이 차근차근 거쳐왔던 시행착오와 성공과 갈등과 화합을 서둘러서 헤치워야 했다. 그리고 오랜 세월에 걸쳐 수많은 각각의 결을 쌓아 간직해야 할 역사의 퇴적층을 속성으로 쌓아 올리고 봉합할 수밖에 없었다. 그 결과 지금 우리 안에서는 다양한 결이 엉망진창으로 뒤섞여 분열적인 모습으로 나타나게 되었다. 누군가 일본에게 빼앗긴 자유를 되찾기 위해 목숨을 걸고 했던 거짓말과, 격동의 시기를 욕심껏 헤쳐 나가고자 적극적으로 일제에 협력하며 내뱉었던 거짓말을 모두 인정해야 했다. 일제 강점기를 살았던 조선인들에게는 '히라누마 도쥬'와 같은 일본식 이름이 거짓말이었고, 동시에 '김철수'라는 한국식 이름도 거짓말이었다. 이어서 맞았던 자유민주주의 진영과 공산주의 진영의 대립된 이념들도 그랬고, 산업화의 모순으로 반복해서 경험해온 참사들에서 어김없이 나온 국가의 거짓말이 그랬다. 그러나 시대를 살기 위해서 우리는 어쩔 수 없이 그 거짓말들에 속아줘야 했다.

한국인들에게 현대사란 그 자체로 거대한 거짓말과 같았던 시기였고, 수많은 거짓말들에 위협을 받았던 시대였으며, 거짓말을 잘해야 살아남을 수 있었던 시대였다. 그 시대를 살았던 이들이 지금의 한국을 만들었고 아직도 생존해 있다. 그리고 그들로부터 거짓말을 배우고, 누군가를 일단 의심할 것을 배운 자녀들이 지금 한국 인구의 허리를 담당하는 중장년층이 되었다.

적자생존의 논리를 그대로 받아들이자면, 우리는 속지 않기 위해 발버둥을 쳤고 동시에 속여서 살아남았던 거짓말쟁이들의 후손인 셈이다. 잘못을 저지르고서도 "속은 놈이 바보지!"라고 당당하게 말할 수 있는 지금의 세태에는 이와 같은 거짓말에 대한 우리의 역사 속 트라우마가 자리 잡고 있다.

속이는 사람 옆에는 속는 사람이 있다

/

그럼에도 한국인들은 여전히 거짓말에 잘 속는다. 거짓말이 성공하기 위해서는 두 가지 조건이 성립되어야 한다. 의도적으로 상대를 속이는 거짓과, 그러한 거짓을 사실로 받아들이는 믿음이다. 다시 말해 잘 속이는 사람과 잘 속는 사람의 합이 맞아야 비로소 거짓말은 완성된다. 만약 한국인들이 거짓말을 잘한다는 주장이 사실이라면, 그만큼 잘 속는다는 이야기도 된다.

이야기에 앞서 누군가의 행동을 교묘하게 조종하는 거짓말쟁이들에 대해 언급하고자 한다. 그들 가운데에는 반사회적인격장애자도 있었을 것이며 나르시스트, 포식자도 있을 것이다. 거짓말을 잘하는 사람들 가운데에는 완벽을 추구하는 이들이 있다. 그들은 지금 하고 있는 일과 자신의 과거를 꾸밀 때 한 치의 빈틈이나 어긋남이 없다. 취업 시 완벽한 거짓말로 노련한 면접관마저 깜빡 속게 만드는 사람들도 자주 볼 수 있다. 오래 전 뉴스에 크게 보도되었던 결혼사기단은 미혼여성에게 접근해 자신들이 재력가 집안이라고 거짓말을 한 다음 예물과 예단비 명목으로 1억 원 가량의 금품을 갈취했다. 당시 사기범 가운데 엄마 역할을 맡은 이는 한때 배우로 활동했다. 어떤 직업을 가진 사람들은 상상 이상으로 거짓말에 능숙하다. 우리는 정작 스스로의 얼굴을 자주 보지 못한다. 만약 자신의 얼굴을 타인이 들여다보듯 섬세하게 관찰하며 미세한 표정이나 떨림 하나까지 제어하는 이들이 있다면, 그런 얼굴로 우리의 욕망을 마치 우리 자신이 들여다보는 것처럼 섬세하게 잡아낸다면 우리는 속을 수밖에 없을 것이다.

이들 거짓말쟁이들은 끊임없이 거짓말을 할 대상을 찾아다닌다. 사기꾼이 대표적이다. 그들은 한국인들이 가진 심리적 취약점을 파고들어 집중 공략한다. 본격적으로 거짓말을 하기에 앞서 거짓말 대상에게 외모와 배경, 언변까지 갖가지 수단을 동원해 신뢰를 얻기 위해 노력한다. 그리고 어느 정도 관계가 진전되었다고 판단되면 거짓말 대상의 욕망을 예민하게 포착해 집요하게 파고든다. 2014년 대검찰청 발표 자료에 따르면 사기 범죄자 35만 7,611명 가운데 이욕이 범행 동기로 얽힌 범죄자가 3만 2,890명이었다. 이욕이란 이익을 탐하는 욕심을 뜻한다.

욕심 때문에 거짓말에 말려드는 까닭은 다음과 같은 다섯 가지 법칙에 걸리기 때문이다. 첫 번째는 호감의 법칙이다. 인간은 타인에게 호감을 느끼는 순간 행복감에 빠져들며 대뇌에서는 도파민이 분비된다. 흥분하게 되면 이성적 판단이 마비되고 거짓말도 진실처럼 믿기 마련이다. 두 번째는 권위의 법칙이다. 우리는 권위에 대해 자동적으로 반응하는 경향을 갖고 있다. 이러한 약점을 이용해 설득의 전문가들은 실제적인 권위가 존재하지 않는 상황에서도 우리에게 얼마든지 영향력을 행사해 거짓말을 한다. 세 번째는 희귀성의 법칙이다. TV 홈쇼핑이나 백화점 호객 행위 등에서 쉽게 볼 수 있는 원리로 '한정판매, 얼마 남지 않았습니다!',

'오늘 아니면 언제 다시 시장에 나올지 모릅니다!'와 같은 재촉으로 듣는 이의 판단력을 상실하게 만드는 설득 방법이다. 네 번째는 상호성의 법칙이다. 누군가 나에게 호의를 베풀면 되갚아줘야 한다는 의무감을 가지게 되기 마련이다. 이런 심리를 악용해 거짓말 범죄를 저지르는 사람들이 있다. 다섯 번째는 사회적 증거의 법칙이다. '다수의 행동이 옳다'는 전제를 바탕으로 많은 사람들이 선택하고 있으니 설득을 당하는 사람도 선택을 해야 한다는 의무감을 가지게 하는 설득 방법이다.

이들 거짓말쟁이들은 거짓말을 잘하기 위해 연구하고 공부한다. 그들은 상대의 머릿속에서 꿈을 꺼낸 뒤에 그것을 비싸게 판다. 사람은 누구나 설득당하기를 원한다. 사기꾼들은 사람들의 이 점을 간파해 설득의 기술을 익히고 사용한다. 앞에서 열거한 다양한 법칙들을 활용해 피해자의 욕망을 이끌어낸다.

물론 그들의 거짓말에 속는 사람들도 있고, 속지 않는 사람들도 있다. 다만 중요한 점은 거짓말일수록 그럴 듯한 진실로 보인다는 것이다. 희생자들은 거짓말을 듣기 전부터 이미 속을 준비가 되어 있는 경우가 많다. 거짓말쟁이들은 눈 맞춤을 피한다는 말이 있지만 직업적인 거짓말쟁이들에게는 적용되지 않는다. 이들은 끊임없이 희생자의 눈과 얼굴을 관찰한다. 자신이 했던 말을 상대가 믿는지 확인하고 싶고, 상대방에게 믿음을 주고 싶어서다. 그들은 거울을 스승으로 삼아 수시로 자신의 표정을 관찰하고 점검한다. 거짓말도 충분히 연습하면 진실처럼 보인다. 그들은 마치 프레젠테이션을 앞둔 발표자가 리허설을 하는 것처럼 눈 깜박임부터 입술의 움직임, 미소, 자세 그리고 목소리까지 충분한 연습을 거친다. 우리는 거짓말쟁이들이 땀을 흘리지 않고 쉽게 이득을 취하기 위해 남을 속이려는 게으른 사람들이라고 생각하는 경향이 있다. 그러나 거짓말쟁이들은 거짓말을 성공시키기 위해 부단하게 노력한다. 심리학에 대해서도 깊이 공부할 정도다. 예를 들어 비각성 최면과 같이 대화를 통해 상대에게 암시를 걸거나 신뢰를 구축하는 심리적 기법이 거짓말에 곧잘 적용된다. 대표적으로 콜드리딩Cold Reading이 있다. 콜드리딩은 심리적 트릭을 구사해 처음 만나는 사람의 마음을 간파하고 행동을 통제하는 기법이다. 더블 바인딩Double Binding의 경우에는 대화 상대가 가지고 있는 비판적 사고 의식을 심리적 트릭 기법을 이용해 선택적 사고 의식으로 변화시켜 상대의 행동을 조정한다. 간단한 예를 들자면 "무슨 음료를 드시겠어요?"라는 말 대신 "녹차와 커피 가운데 어떤 것을 드시겠어요?" 같이 상대방으로 하여금 "No"라는 말을 하지 못하고 제시된 선택지 안에서만 판단을 내릴 수 있도록 유도하는 방법이다. 반대로 상대가 "Yes"라는 말을 하게 만드는 기법도 있다.

사기꾼은 아니지만 거짓말을 연구하는 사람들, 예컨대 정치인이나 변호사, 마술사를 보자. 이들은 남을 속여야 하는 직업을 가지고 있기 때문에 거짓말을 연구한다. 정치인들은 자신의 생존과 정치적 신념을 위해서라면 도덕적으로 문제가 됨에도 불구하고 거짓말을 서슴지 않는

다. 변호사는 수탁자가 승소할 수 있도록 할 의무와 자신보다 의뢰인의
이익을 먼저 고려해야 하는 직업적 책무를 가진다. 동시에 법조인으로
서 사회적 공익을 실천해야 하는 의무도 가지고 있다. 직업적 책무와 사
회적 공익 두 가지는 서로 충돌할 때가 많다. 그들이 법정에서 거짓말을
할 수밖에 없는 까닭이다. 마술사들은 청중의 눈을 속이기 위해 끊임없
이 연습한다. 매력적인 여성들을 내세워 관객의 눈을 흐리게 만들기도
한다.

　이들의 이러한 처절한 노력들이 보상받기 위해서는 한 가지 조건이 필
요하다. 바로 거짓말에 잘 속는 사람들이 있어야 한다. 정치인의 지지자
들은 정치적인 목적에 의해 자신이 지지하는 정치인이 거짓을 말하고 있
음을 알고 있더라도 애써 외면하거나 또는 오히려 열렬히 응원한다. 마
술쇼를 구경하는 이들은 마술사가 그럴 듯한 거짓으로 자신들을 관람료
이상의 값어치로 즐겁게 해주기를 기대한다. 거짓말을 하기 위해서는 잘
속아주는 사람이 필요한 것이다. 만약 한국에 거짓말을 잘하는 사람이
많다면, 그것은 잘 속는 사람들이 많기 때문이다.

CHAPTER 3

한국인은
거짓말에 잘 속는다

한국 현대사상 손꼽히는 사기꾼인 조희팔은 피라미드 방식을 통해 4조 원(경찰 추산)이 넘는 돈을 갈취했다. 이 사건의 피해자만 3만 명 정도로 추산될 정도이며, 그의 거짓말로 인해 자살이라는 극단적인 선택을 한 피해자도 2016년 기준으로 10명이나 된다. 조희팔은 2004년 10월부터 2008년 10월까지 장기적으로 사기를 벌인 지능적인 범죄자다. 그는 사람들이 가지고 있는 욕구를 예리하게 파고들 줄 알았다. 사람은 누구나 미래에 대한 불안감을 가지고 있다. 과학 기술의 발달로 세상은 급격하게 변하고 있고, 불투명해진 미래에서도 안정된 생활을 꾸리고자 전전긍긍한다. 조희팔은 사람들의 이러한 불안감을 자극했고, 동시에 자신이 신뢰할 수 있는 사람이라는 것을 오랜 시간에 걸쳐 보여줬다. 바로 여기에 한국인들이 잘 속는 이유가 숨어 있다.

욕심에 취약한 한국인

/

"여러분 부자 되세요!"

IMF의 충격에 어느 정도 적응한 2000년대 초반 등장한 어느 카드사의 광고 카피다. 에둘러 표현하지 않고 부자가 되기를 대놓고 권유하는 광고가 공중파를 타고 전국으로 퍼지자 여러 우려 섞인 비판들이 나왔고 많은 사람들이 거북함을 표현했다. 그러나 광고는 대성공이었다. 듣는 사람들이 얼굴을 붉혔던 "부자 되세요"라는 외침이야말로 한국을 지배하는 두 가지 급소를 제대로 건드렸기 때문이다. 바로 부에 대한 욕심과 내일에 대한 불안감이다. 한국인이 거짓말을 잘하는 이유는 머리가 좋아서가 아니라 잘 속는 사람들이 많기 때문이다. 그리고 한국인들이 잘 속는 까닭은 머리가 나빠서가 아니라, 욕심이 많고 불안하기 때문이다.

사기꾼들은 이런 한국인의 심리를 똑똑하게 알고 있다. 그들은 "5억 원을 투자하면 몇 달 이내로 20억을 벌 수 있다"라고 부추긴다. 그리고 "지금 아니면 기회는 두 번 다시 오지 않는다"고 협박한다. 또 어떤 사기꾼은 "극소수만 알고 있는 정보인데, 지금 이 장외주식이 몇 달 내로 코스닥에 상장된다"고 호언장담을 하면서 사람들의 한탕 욕구를 자극한다.

한국인들에게는 자신만 모르는 거대한 거짓말이 한국을 움직이고 있다는 어떤 공포와 의심이 있다. 큰 사건이 벌어지면 어김없이 음모론이 활개를 치는 이유다. 소수의 권력자들만 은밀하게 독점하는 고급정보를 흘려 받았다는 그럴 듯한 거짓말은 바로 이러한 심리를 파고든다. 그리고 수익을 보장해 주겠다는 달콤한 제안을 건네 서민들이 피땀 흘려 모은 돈을 투자받는다. 여느 성인이 이런 얘기를 듣는다면 그런 좋은 기회가 아무런 대가 없이 일반인인 자신에게까지 주어진다는 데 일단 의심이 들 것이다. 이 세상에 고수익을 100% 보장해주는 금융상품 따위는 없다. 받는 것이 있으면 그만큼 무엇인가를 감수해야 한다. 그것이 어른의 법칙이다. 그러나 주식을 하는 '어른'들은 그런 구멍투성이의 거짓말에도 속을 수밖에 없다. 욕심이 눈을 가리고 귀를 막았기 때문이다.

그러나 거짓말에 속지 않기 위해 욕심을 버릴 수는 없다. 욕망은 인간과 세상을 이끌어나가는 큰 힘이기도 하다. 다만 어떤 제안을 받았다면 그것이 달콤하게 느껴질수록 한 발 물러서서 사실인지 아닌지를 확인하는 거리감을 가질 필요는 있다. 만약 어떤 의문이 들었다면 다시 만나서 제안자의 얼굴을 보며 거짓말을 하는지 아닌지를 관찰할 줄 알아야 한다. 한국인들에게는 거짓말을 할 때 나타나는 몇 가지 단서가 있다. 그 사람이 무슨 말을 어떻게 하는지 잘 관찰해보며 사실인지 아닌지를 판단해야 한다. 사기 범죄자들은 단독으로 범행을 저지르기도 하지만 두 명 이상이 모여 조직적인 범죄를 저지르기도 한다. 치밀하게 각본을 짜 놓고서 거짓말을 하기도 한다. 누군가 당신에게 하는 악의적인 거짓말은 어쩌면 많은 사람들이 머리를 맞대며 오랜 시간 동안 연습하고 수없이 시험한 끝에 나온 결과일 수도 있다. 그러한 준비와 노력 앞에서 개인이 취할 수 있는 최선의 태도는 사실인지 아닌지를 확인하는 것밖에 없다.

그럼에도 상대방의 제안에 욕심이 생기고 마음이 흔들린다면 상대가 예상하지 못한 돌발적인 질문을 던져볼 필요가 있다. 그 질문은 상대방을 시험하는 것이며, 동시에 스스로를 시험하는 것이기도 하다. 중요한 점은 돌발적인 질문으로 대화의 흐름이 깨지면서 잠시나마 대화 밖으로 빠져나와 그간의 과정을 되짚어볼 여유가 생긴다는 것이다. 한숨 돌렸다면 그들의 모든 것을 관찰해야 한다. 만약 상대가 노련한 사기꾼이라면 이렇게 분위기가 깨진 다음에는 훗날을 기약하며 물러나거나, 급한 일이 생겼다는 핑계로 자리를 피할 것이다. 사기꾼들은 눈치가 빠르다. 그들은 사기 대상이 호락호락하지 않으면 쉽게 포기하고 자리를 턴다. 큰 노력을 기울여 의심받는 상황을 극복하느니 새로운 대상을 물색하는 것이 사냥에 훨씬 효율적이기 때문이다.

거짓말 앞에서 무엇보다 중요한 점은 이익을 추구하는 데 있어 얼마만큼 수익을 낼 것인지에 대한 목표와 왜 돈을 벌어야 하는지에 대한 원칙을 가지는 것이다. 그것만 가지고 있어도 욕심 앞에서 크게 무리하지 않게 되고, 설령 그로 인해 좋은 기회를 놓치더라도 뒤를 돌아보며 후회하지 않을 수 있다. 그러나 욕심 앞에서 냉철함을 유지할 수 있어야 한다는 조언은 언제나 빤한 조언으로 끝난다. 우리가 거짓말에 잘 속는 까닭이다.

거짓말에 대해 무지한 사회

/

한국인이 거짓말에 잘 속는 또 하나의 이유는 거짓말에 대해 제대로 교육을 받지 못했기 때문이다. 여러 기관들의 조사에 의해 이제 한국인들이 무슨 거짓말을 하는지는 많이 알려져 있다. 하지만 한국인들이 어떻게 거짓말을 하는지에 대해서는 아직까지 대중에게 제대로 전해지지 않았다. 우리는 여전히 선택의 기로에서 직관에 의존해 진실인지 거짓인지 구분할 뿐이다. 흔히 얘기하는 '여성의 감'이라는 표현처럼, 한국인의 상당수는 자신의 직관적 사고를 '촉'이라고 칭하면서 상당히 신뢰한다. 하지만 이러한 촉에 대한 믿음은 보고 싶은 것만 본 데서 비롯된 심리적 함정일 뿐이다.

직관에만 의존하다가 잘 속는 사람들에게는 다섯 가지 특징이 있다. 첫번째는 과도한 자신감이다. 한국인들 대부분은 자신만은 거짓말에 속지 않을 것이라는 근거 없는 자신감에 빠져 있다. 우리는 거짓말 앞에서 겸손해질 필요가 있다. 사람들은 거짓말을 할 때 거짓만을 말하지 않고 대부분은 진실과 거짓을 섞어 말한다. 그래서 무엇이 진실이며 무엇이 거짓인지 구분하기가 매우 힘들다. 결혼을 한 여성들은 배우자와 자녀의 거짓말을 매우 높은 확률로 구분한다. 하지만 처음 만나는 사람이라면 어떨까? 안타깝게도 그 확률은 매우 떨어진다. 사람은 자신이 보고 싶은 것만 보며, 듣고 싶은 말만 듣는다. '무주의 맹시'라는 심리학 용어가 있다. 자신에게 필요한 부분만 선택해서 집중해서 보는 상태를 이르는 말이다. 거짓말을 들을 때도 마찬가지다.

두 번째는 눈 맞춤을 못한다는 것이다. 눈은 혀처럼 많은 말을 한다는 격언이 있다. 거짓말의 신호는 눈을 통해서도 나타난다. 눈 깜박임, 눈동자 움직임, 눈썹과 눈 주변 근육의 움직임을 통해 우리는 그 사람이 진실을 말하는지 거짓을 말하는지 알 수도 있다. 한국인들은 똑바로 마주보는 것을 무례함으로 여기기 때문에 타인과의 눈 맞춤에 익숙하지 않다. 마주한 상대가 진실을 말하는지 거짓을 말하는지 잘 구별하지 못하는 데에는 이처럼 상대방의 표정을 살피기 어려운 문화도 있다.

세 번째는 공감 능력의 부족함이다. 공감이란 다른 사람의 감정과 경험을 이해하는 능력이다. 거짓말쟁이들은 가짜 감정을 전달한다. 거짓 미소, 거짓 눈물이 대표적인 거짓 감정의 표현이다. 공감 능력이 높은 사람들은 가짜 감정을 쉽게 알아차린다. 하지만 타인이 느끼는 감정을 읽는 데 서투른 대부분의 사람들은 이러한 가짜 감정 표현에도 쉽게 속을 수밖에 없다.

네 번째는 언어 중심의 소통 방식이다. 비언어는 언어를 초월해 그 사람의 성격, 감성, 지성, 태도를 전달하는 가장 신뢰할 수 있는 의사소통방식이다. 언어의 역사는 고작 6,000년밖에 되지 않았다. 서양의 비언어 연구는 50년이 넘은 데 반해 한국은 아직 걸음마 단계다. 그러다보니 우리는 비언어가 얼마나 중요한가를 잘 알지 못한다.

다섯 번째는 타인에 대한 관심 부족이다. 사람은 말을 하지 않을 때에도 자신의 생각이나 감정을 표현한다. 그것을 우리가 읽지 못할 뿐이다. 자신의 감정에 관심을 기울이는 데에만 익숙하기 때문에 누가 무슨 생각을 하는지 왜 저런 행동을 하는지 타인의 감정에 대해 고민하지도 않고 관심도 없다.

우리는 지금까지 거짓말을 하지 말라고만 배워왔다. 주입식 교육처럼 왜 거짓말을 하지 말아야 하는지, 거짓말을 함으로써 어떤 일들이 발생하는지 등에 대한 설명은 듣지 못하고 무조건 거짓말은 나쁜 것이니 하지 말라는 이야기만 들었다. 한국인의 거짓말에 대해 객관적 자료를 가지고 전문적으로 가르치는 사람들도 없었다. 지금까지 만나본 사람들 가운데 거짓말 전문가라고 할 수 있는 이는 단 둘뿐이었다. 두 사람 모두 프로파일러라는 특수한 직업인이었다. 그 외 대부분의 사람들은 직관에 의존하는 경향이 많았다. 그 결과는 촉에 의지해 거짓말공화국에서 적당히 속이고 속아주면서 살아가는 지금 우리의 모습들이다.

외국의 경우 거짓말에 관한 연구는 물론 대중들의 이해 역시 한국에 비해 상당히 높다. 예를 들어 미국에서는 CIA, FBI 기관 출신자들이 직접 거짓말에 관한 전문 교육을 실시한다. 또 그 결과는 곧 대중에게 공개된다. 그러다보니 거짓말에 관한 지식들이 전문가가 아닌 대중에게도 널리 퍼져 있고 시시각각 업데이트되는 정보들 또한 빠르게 전파되고 있다.

거짓말에 관한 지식이 부족하다보니 한국인들은 거짓말을 하지 말라고 하면서도 영악하게 살아야 할 줄도 알아야 한다는 모순되고 막연하기만 한 잔소리를 교육이라고 착각한다. 거짓말은 나쁜 것도 아니고 좋은 것도 아닌 하나의 도구일 뿐이다. 거짓말에 대해 제대로 교육을 받으면 거짓말도 훌륭한 사교 도구가 될 수 있고, 또 쉽게 속지 않을 수도 있다.

"사람들은 어떻게 거짓말을 할까?"라는 의문은 "한국인은 어떻게 거짓말을 할까?"로 발전했다. 백지상태에서 개척하는 길이었기에 어떤 선배의 도움도 없이 스스로를 길잡이로 삼아 발로 뛰며 자료를 하나부터 열까지 확보해야 했다. 그렇게 어렵게 시작된 연구를 꾸준하게 진행하자 데이터가 차츰 쌓여서 1,000개가 넘는 거짓말 영상을 확보할 수 있었다. 지금부터는 이러한 조사 결과를 바탕으로 한국인들이 어떻게 거짓말을 하는지, 거짓말을 할 때 나타나는 단서로 무엇이 있는지 분석한 결과에 대해 소개하고자 한다.

한국인은
어떻게 거짓말을 하는가!?

PART 2

한번 거짓말쟁이로 인식되면
아무리 진지한 표정으로 옳은 말을 한다 해도
아무도 믿지 않는다. _이솝

CHAPTER 1

한국인들을 위한
거짓말 실험

거짓말에 관한 세 가지 이론

심리학자들은 인간이 왜 거짓말을 하는지, 무슨 거짓말을 하며, 어떻게 거짓말을 하는지 오래전부터 해명하고자 노력했다. 거짓말이라는 주제에는 인간이 가진 마음의 복잡성과 본능, 욕구, 감정, 계획성 등 모든 것이 종합해 나타나기 때문에 어느 한 가지 이론만으로 설명하기는 어렵다. 그럼에도 현재까지 거짓말에 대해 완벽하게 밝혀내지는 못했지만 거짓말을 할 때 인지부하가 발생하며, 여러 종류의 감정으로 표현되기도 하고, 의도적으로 언어와 비언어를 통제하기도 한다는 등의 사실 정도는 전문가가 아니라도 어느 정도는 알게 되었다.

거짓말에 관해서는 대표적으로 세 가지 이론이 있다. 첫 번째는 의도적 통제 이론이다. 거짓말쟁이들은 상대에게 진실을 말하고 있다는 확신을 주기 위해 의도적으로 자신의 언어와 비언어를 통제한다는 것이다. 진실을 말하는 사람에게는 자연스러움이 그대로 드러난다. 하지만 거짓말을 하는 사람은 거짓말 단서를 드러내지 않기 위해 의도적으로 자신이 하는 말과 표정, 목소리, 자세, 손짓 등을 통제한다. 여성들이 마치 거짓말의 단서를 드러내지 않기 위해 자신의 표정을 지우는 것과 같다. 의도적 통제 이론과 관련된 거짓말 단서로는 짧은 대답, 많은 정보 제공, 무표정, 거짓 미소와 미소, 말의 내용에 일관성이 없는 모순 등이 있다.

거짓말과 관련된 두 번째 이론은 감정이론이다. 감정은 특정 자극이 주어지면 표정이나 목소리, 자세, 손짓 등을 통해 나타나는데 거짓말을 할 때에도 감정이 드러난다. 거짓말을 할 때 나타나는 주요 감정은 두려움, 죄책감 그리고 쾌감이다. 거짓말을 하는 사람들은 상대가 자신의 거짓말을 간파할지도 모른다는 데 대한 두려움을 가지고 있다. 그래서 상대 표정에 집중하면서도 정작 자신의 표정은 통제하지 못하고 감정을 무의식적으로 드러낸다. 인간은 사회화되는 과정을 통해 오랜 시간에 걸쳐 윤리교육을 받게 되며, 그것에 거부감을 느낄지언정 알게 모르게 큰 영향을 받게 된다. 그리고 거짓말은 도덕적으로 옳지 않은 행위다. 도덕적으로 옳지 못한 행위는 우리 뇌에 있는 도덕적 각성장치의 스위치를 켜게 만든다. 그래서 거짓말을 할 때에는 죄책감의 표정이 드러나는 것이다.

동시에 거짓말을 하는 사람은 상대를 속이는 데 대한 쾌감을 느끼기도 한다. 상대를 속이는 사람들은 자신이 상대보다 지적으로 더 우월함을 느낀다. 한쪽 입꼬리가 올라가는 경멸의 표정이 나타나거나, 미소를 통해 쾌감을 무의식적으로 표현하기도 한다. 두려움, 죄책감, 쾌감은 1초 이상 지속되는 경우도 있으나, 미세표정처럼 0.2초 이내로 나타났다 사라지기도 한다. 0.2초는 매우 빠른 시간이다. 보통 눈을 한 번 깜박이는 시간보다 짧은 순간이다. 세 가지 감정 외에도 사람이 느낄 수 있는 감정은 매우 많다. 감정이론과 관련된 거짓말 단서로는 미세표정, 안면비대칭, 눈 깜박임 증가, 입술 꽉 다물기, 몸 앞뒤로 움직이기, 아래턱 위로 올리기, 침 삼키기, 입술에 침 바르기, 의자 흔들기, 목소리 톤의 변화, 몸 좌우로 움직이기, 코 만지기, 콧구멍 넓히기 등이 있다.

인지부하이론은 거짓말과 관련된 세 번째 이론이다. 사기꾼처럼 치밀한 계획을 세운 경우를 제외하고는 진실을 말하는 것보다 거짓말을 하는 것이 더 어렵기 마련이다. 진실을 말하는 사람은 뇌의 기억 저장소에 있는 것을 꺼내오면 되지만, 거짓말을 하는 사람들은 새로운 상황, 사람, 환경 등을 창조해내야 한다. 거짓말을 한다는 것은 의식적 노력을 더하는 과정이기도 하다. 그러다보니 뇌에서 부하가 발생하게 되고 그것이 언어적 단서나 얼굴 표정, 눈동자 움직임을 통해 나타난다. 인지부하이론과 관련된 거짓말 단서로는 눈동자 좌우 이동, 발화, 질문 일부 반복, 말실수, 긴 침묵시간, 늦은 응답시간, 갑작스런 말의 멈춤 등이 있다.

하지만 세 가지 이론만으로 거짓말에 대한 모든 것을 설명할 수는 없다. 예를 들어 반사회적인격장애자처럼 감정적으로 거짓말의 단서가 드러나지 않는 경우도 있기 때문이다. 거짓말을 했는데 죄책감이나 두려움이 나타나지 않는 사람들도 있다. 병적 거짓말쟁이도 마찬가지다. 리플리 증후군을 가진 사람들은 거짓말의 단서가 거의 나타나지 않는다. 리플리 증후군이란 현실 세계를 부정하고 허구의 세계만을 진실로 믿어 거짓말과 남을 속이는 행위를 일삼는 장애를 말한다. 명문대학에 합격했다고 주변에 거짓말을 한 학생이나 48곳의 대학교를 전전하며 신입생 행세를 한 사람 등 리플리 증후군을 가진 병적 거짓말쟁이가 화제가 된 적이 있었다. 이들은 특수한 환자들이지만 동시에 드물지 않게 주변에서 한두 명쯤은 찾을 수 있는 존재들이기도 하다.

한국인을 위한 거짓말 실험의 시작

/

"그렇다면 한국인은 구체적으로 어떻게 거짓말을 할까?" 거짓말의 세 가지 이론이 우리 일상에서도 그대로 재연될까? 이 질문에 대한 해답을 찾기 위해 하나의 실험을 구상했다. 방법은 간단하다. 20세 이상의 성인 남녀 50명을 모집한 다음 실험의 취지에 대한 동의를 받았다. 실험 환경은 실험 참가자가 편하게 생각하는 장소에서 자연스럽게 대화하는 상황을 통해 최대한 일상의 만남처럼 느끼도록 했다. 실험 전에는 참가자에게 질문에 답할 때 진실과 거짓을 따로 구분하지 말고 생각나는 대로 자유롭게 말해줄 것을 요청했다. 또한 몇 명에게는 일부러 거짓말만 하도록 부탁했다. 계획적인 거짓말과 즉흥적인 거짓말의 차이점을 알아보기 위해서였다. 실험 직전에는 경직된 분위기를 완화하기 위해 10분 정도 '아이스 브레이킹'을 하는 시간을 마련했다. 질문자의 목소리와 얼굴 표정이 실험 참가자들에게 영향을 줄 수 있기 때문에 질문할 때에는 최대한 무표정을 유지했고, 목소리 크기와 톤도 일정하게 유지되도록 관리했다. 실험이 끝난 다음에는 모든 질문에 대해 참가자가 거짓말을 했는지, 진실을 말했는지 체크 시트를 통해 확인하도록 했다.

실험 참가자의 성은 남성과 여성 각각 50%씩 동일하게 선정했다. 연령대는 20~30세가 21명, 31~40세가 19명, 40세 이상이 10명이었다. 40대 이상의 실험 참가자들이 부족한 이유는 참가 요청을 했을 때 거절을 많이 당했기 때문이다. 세월이 쌓이면서 가진 것도 많게 되고 본인만의 완고한 주관이 확립된 중년층에서 자신의 거짓말이 영상으로 남게 되거나 분석당하는 것에 대해 거부 반응이 나오는 것은 당연했다. 실험 참가자들의 직업도 다양하게 설정했다. 직장인부터 공무원, 대학생, 보험 영업 사원, 강사, 무역업지, 출판게 인사, 가사노동자, 군인, 기자, 무직자 등 여러 직종의 사람들이 두루 참가했다.

어느 정도 데이터가 확보되고 분석이 끝난 다음에는 영상 확인 이후

몇 가지 단서를 바탕으로 거짓을 말했음에도 진실을 말했다고 하거나 또는 진실을 말했음에도 거짓말을 했다고 체크했다는 의심이 들었던 참가자들에게 다시 확인을 요청했다. 조사 기간에는 3년이 소요되었으며, 검증을 거쳐 실험 영상 가운데 거짓말 영상 1,083개와 진실을 말하는 영상 1,300개를 다시 추렸다.

한국인이 거짓말을 할 때 나타나는 단서를 규명하기 위한 실험이기 때문에 진실을 말하는 영상은 비교 분석으로만 활용했다. 수집 및 정리 이후에는 실험 대상자 남성 25인의 거짓말 영상 603개와 여성 25인의 거짓말 영상 480개를 4개월간 분석했다. 수집한 거짓말 영상 하나의 재생 시간은 10여 초에서 1분 이상까지 다양했다. 영상 하나당 관찰 재생 수는 최소 10회였다. 그 때문에 관찰하고 정리할 수 있는 영상은 하루 평균 20개 수준이었다. 그 이상이 되면 분석의 밀도가 크게 떨어졌다. 이후 분석 결과를 거짓말에 대한 언어적, 비언어적 신호로 분류해 데이터베이스화했다.

실험을 하기 전에는 참가자에게 던질 질문에 대해서도 자료를 수집했다. 어떤 질문을 하느냐에 따라 거짓말의 단서가 쉽게 나타나기도 하고 나타나지 않기도 하기 때문이다. 예를 들어 자주 받았던 질문에 대해서는 거짓말을 하기 쉽고 거짓말을 한다는 단서를 찾기도 어렵다. "사는 곳이 어디세요?" 같은 질문은 반복해서 들었던 질문이기 때문에 빠른 시간 안에 대답할 수 있다. 나는 이것을 '학습된 질문'이라고 이름 붙였다. 거짓말 실험에 제시된 질문에는 살아오면서 자주 접했을 학습된 질문, 감정을 흔드는 질문, 인지부하를 발생하게 하는 질문, 개방형 질문, 폐쇄형 질문 등이 있었다. 대부분의 참가자들에게는 자유롭게 대답하기를 권유했다. 다음은 실험 참가자들에게 했던 질문 가운데 일부다.

학습된 질문 + 폐쇄형 질문

고향이 서울 맞나요?

여행 좋아하세요?

요즘 행복하세요?

학습된 질문 + 개방형 질문

취미가 있다면 뭔가요?

가족 관계가 어떻게 되세요?

꿈이 있다면 무엇인가요?

감정 유발 질문 + 인지부하 질문

지금까지 가장 슬펐던 적이 있다면 언제였나요?

지금까지 살아오면서 가장 감사하다고 생각되는 일은 뭘까요?

사랑하는 사람을 생각하면 어떤 느낌이 드세요?

인지부하 질문

해외여행을 다녀온 곳이 있다면 전부 다 말씀해 주시겠습니까?

가장 좋아하는 명언이 있다면 하나만 말씀해 주시겠습니까?

선생님의 인생에서 어떤 특별한 장기적인 목표가 있나요?

실험 결과는 흥미로웠다. 가장 재미있었던 점은 참가자들이 거짓말을 할 때 남녀 차이가 두드러졌다는 것이다. 남성에게서 유독 많이 나타나는 단서가 있었던 반면, 여성에게서만 주로 나타나는 단서도 있었다. 거짓말을 할 때 나타나는 단서가 예상보다 많았다는 점 또한 흥미로웠다. 거짓말과 관련된 단서 가운데 쉽게 발견할 수 있는 것들을 꼽자면 대표적으로 안면비대칭을 비롯해 눈 깜박임 수의 증가, 거짓 미소, 미세표정, 발화('아', '어', '음', '쓰'와 같은 의미 없는 소리), 질문 반복, 말실수, 입술에 침 바르기, 침 삼키기, 목소리 톤 변화 등이 있었다.

한국인의 거짓말 영상 분석을 통해 주의해야 할 점도 발견했다. 상대방의 말에서 거짓말을 판별할 때 하나 혹은 두 가지의 신호를 결정적인 단서라고 결론 내려서는 안 된다는 것이다. 충분하게 연습한 거짓말이 아니라면 대부분의 거짓말은 적어도 세 가지 이상의 단서를 드러낸다. 거짓말을 판별할 때에는 말의 내용과 목소리 신호, 바디랭귀지 신호를 종합해 분석하고 판단해야 한다. 거짓말 단서 리스트에서 체크되는 항목이 많아질수록 거짓말을 하고 있다고 의심할 만한 확률이 점점 높아지고 있다고 생각해야지, 거짓말을 하고 있다고 확신해서는 안 된다.

또 대부분의 사람들은 찰나에 스쳐 지나가는 표정이나 자세, 손짓 같은 바디랭귀지 신호를 읽는 데 익숙하지 않다. 그렇기 때문에 집중해서 보고 듣고 판단해야 한다. 그러나 특별하게 이쪽 방면으로 훈련받지 않은 전문가가 아니라면 누군가를 자세히 관찰하고 읽어내는 집중력을 유지하는 데에는 한계가 있다. 때로는 중요한 단서를 놓칠 수도 있고, 반대로 거짓말에 대한 신호가 아님에도 착각할 수도 있다. 그럼에도 상대방이 거짓말을 어떻게 하는지에 대해 알고 있고, 또 현장에 적용하는 것은 중요한 의의를 가진다. 관조하는 태도를 가지고 상대방의 제안에 충분한 거리감을 두는 그 자체만으로도 누군가의 거짓말로부터 나를 보호하는 데 크게 도움이 되기 때문이다. 이제부터는 거짓말 실험을 통해 수집된 한국인의 거짓말 신호들에 대해 이야기하고자 한다.

CHAPTER 2

한국인의 거짓말
신호 25가지

SIGNAL 1 가장 많이 나타나는 단서, 안면비대칭

/

한국인이 거짓말을 할 때 가장 많이 나타나는 신호는 바로 안면비대칭이다. 안면비대칭은 1,083개의 거짓말 가운데 660개의 거짓말, 60.9%에서 나타났다. 안면비대칭 신호는 남녀 간에 큰 차이는 없었다. 남성의 거짓말 603개 가운데 402개의 거짓말에서 66.7%인 안면비대칭이 나타났으며, 여성의 거짓말 480개 가운데 53.8%인 258개의 거짓말에서 안면비대칭이 나타나 남성의 비율이 조금 더 높았다. 안면비대칭은 얼굴의 왼쪽과 오른쪽의 표정이 어긋나게 나타나는 증상을 가리킨다. 안면비대칭은 특이하게도 거짓말을 하기 전과 후를 가리지 않고 나타났다. 질문을 듣고 난 다음 거짓말을 하기 전에 나타나기도 했으며, 말을 하면서도 나타났고, 말을 끝내고 난 후에도 나타났다. 즉 거짓말과 관련된 모든 순간에서 드러났다. 인간의 얼굴 좌측은 우뇌의 통제를 받으며, 얼굴 우측은 좌뇌의 통제를 받는다. 우리는 거짓말을 하면서도 무의식적으로는 진실을 말하고 싶어 하는 욕구가 있다. 얼굴의 비대칭이 나타나는 까닭은 진실을 말하고자 하는 욕구와 의식적으로 거짓말을 하려고 하는 두 가지 신호가 충돌하기 때문으로 추측된다. 손으로 코를 만진다거나 입을 막는 행위는 진실을 말하지 않기 위한 돌발 행동으로 볼 수 있다. 다만 한 가지 주의해야 할 사항이 있다. 우리 대다수의 얼굴은 비대칭적이다. 인간은 잠버릇이나 식습관, 기타 다양한 평소 습관으로 얼굴의 한쪽 근육이 다른 쪽 근육보다 발달되기 마련이다. 비대칭적인 얼굴과 비대칭적인 표정은 다르다.

안면비대칭 신호에 대해 가장 쉽게 떠올릴 수 있는 사례는 영화 〈라이어 라이어〉에서 열연한 배우 짐 캐리의 표정이다. 일상이 거짓말인 변호사 플레처 리드(짐 캐리)는 이혼 관련 재판을 맡게 된다. 그는 수탁자에게 허위 사실이 포함된 제안서를 보여주지만 수탁자는 플레처의 제안서를 보고 거짓말에 대해 걱정한다. 플레처는 수탁자를 설득하기 위해 그녀가 외도한 데 대한 책임은 모두 남편에게 있다는 식으로 거짓말을 한다. 이 말을 하면서 짐 캐리는 거짓말을 할 때 안면비대칭이 드러나는 미묘한 순간을 연기에 담았다. 영화 속의 한 장면에 불과하다고 생각할지 모르겠지만 배우는 예민한 더듬이로 사람들을 관찰한 결과를 연기에 담기 마련이다. 실제로 안면비대칭이 거짓말을 할 때 자주 나타난 단서임은 서구권에서 널리 알려진 정보다.

참가자 가운데 어떤 20대 남성에게 연애 경험에 대한 질문을 던지자 그는 "자랑은 아니지만 수많은 여성을 만나 봤다"고 답변했다. 그때 그의 얼굴에서는 안면비대칭이 나타났다. 안면비대칭 신호는 실험 참가자들이 답변하는 단어의 수나 말의 길이와는 상관없이 다양한 거짓말 답변에서 나타났다. 어떤 20대 여성 참가자에게 여행을 좋아하는지에 대해 묻자 그 여성은 "아니요"라고 짧게 끊듯이 답변했다. 하지만 당시 실험이 담긴 영상을 확인해보면 1초 남짓한 짧은 순간에 그의 얼굴에서는 안면비대칭이 나타났다가 사라졌다.

주의할 점은 상대방의 얼굴에서 거짓말의 제1징후라고 할 수 있는 안면비대칭이 나타났다고 해서 그것 하나만으로 거짓말이라고 단정을 지을 수는 없다는 것이다. 거짓말을 할 때 드러나는 안면비대칭은 한국인만의 특성이라기보다는 전 세계적으로 공통되게 나타나는 신호다. 한국인들이 거짓말을 할 때 나타나는 신호는 안면비대칭 외에도 많다.

SIGNAL 2 **길게 말하는 남성, 짧게 말하는 여성**

/

질문 지금 전화한 사람 누구니?

대답 친구.

질문 친구? 무슨 친구? 네 사생활을 캐물으려고 하는 게 아니라 그냥 궁금해 서 그래. 너도 이제 성인이고 어련히 알아서 잘 판단할 테니까 아빠는 걱 정 안 한다. 하지만 요즘 네가 집에 오는 시간이 점점 늦어지는 것 같아 서 말이야. 이런 얘기까지는 안 하려고 했는데 저번에 네가 어떤 남자랑 팔짱 끼고 걷는 걸 봤다는 사람도 있었거든. 네가 오해할까봐 이야기하 는 거지만 네 연애를 막는다거나 그러는 건 절대로 아니다. 너도 이제 대 학생이잖아. 내가 알지. 그냥 궁금해서 그러는 거야.

대답 그냥 학과 친구. 내일 시험이 있어서 먼저 들어갈게요.

거짓말을 할 때 나타나는 대표적인 언어적 단서로는 무엇이 있을까? 한국인의 사례는 조사되지 않았으므로 먼저 해외 사례를 참고하고자 한 다. 미국에서는 오래전부터 거짓말을 할 때 나타나는 언어적 세부 사항 을 찾기 위한 많은 연구가 이뤄졌다. 텍사스대학의 컴퓨터 분석(Lying Words: Predicting Deception From Linguistic Styles)을 이용한 연구 결 과에 따르면 거짓말에 나타나는 몇 가지 공통적인 특징 가운데에서도 세 가지가 꼽힌다. 첫 번째는 일인칭의 사용 빈도가 줄고 다른 대명사의 활용 빈도가 높았다는 것이다. 두 번째는 '비록'과 같은 한정사의 사용 빈도가 줄었다는 것이었으며, 세 번째는 긍정적인 단어보다 부정적인 단어가 보다 많이 쓰였다는 것이다.

그러나 텍사스대학의 연구 결과는 어디까지나 영어권 국가에서나 적용될 수 있다. 한국인은 미국인과는 다른 문화와 역사를 물려받았다. 따라서 한국인들이 거짓말할 때 나타나는 언어적 단서는 처음부터 새롭게 찾아야 했다. 일단 거짓말 실험 영상에서 참가자들이 했던 거짓말 1,083개를 텍스트로 바꾼 다음 개당 100회가 넘게 들여다봤다. 그러자 거짓말을 할 때 나타나는 한국인만의 특별한 언어 패턴에 대해 다섯 가지를 찾을 수 있었다.

한국인이 거짓말을 할 때 나타나는 첫 번째 언어적 단서는 말하는 시간과 사용하는 어휘의 수다. 1,083개의 거짓말을 분석하자 남성과 여성은 거짓말의 언어 패턴이 확연하게 구분되었다. 한국인의 거짓말에는 성차가 존재한 것이다.

우선 남성은 거짓말을 할 때 많은 정보를 동원하면서 말이 길어졌다. 반면 여성은 거짓말을 할 때 말을 평소보다 훨씬 짧게 줄이는 경향이 있었다. 남성이 말한 거짓말 603개의 단어 수는 평균 15.2개인 반면, 여성들의 거짓말 480개의 단어 수는 평균 5.2개에 불과했다. 거짓말할 때 남성이 여성보다 약 세 배 더 많은 단어를 동원한 셈이다.

반대로 남성의 거짓말 603개 가운데 단답형으로 거짓말을 한 경우는

69개에 불과했으나, 여성의 거짓말 480개 가운데 단답형은 154개였다. 짧게 끊듯이 대답하는 비율이 남성은 11.4%인데 반해 여성은 32.1%로 남성보다 세 배가 많았다. 단답형에 쓰인 단어는 예, 아니오를 비롯해 사람, 가족, 일, 소설, 선물, 정직, 결혼, 사랑, 보통, 생각 등 질문에 대한 답변이 되는 명사들이 대부분이었다. 이를 정리하면 남성의 거짓말 10개 가운데 하나가 단답형 거짓말이며, 여성의 거짓말 10개 가운데 세 개는 단답형이었다.

그렇다면 한국 남성은 거짓말을 할 때 왜 말이 많아질까? 그리고 한국 여성은 거짓말을 할 때 왜 짧게 대답하는 것일까? 남성은 상대를 속이기 위해 설득이라는 전략을 사용한다. 설득에서 중요한 전제 가운데 하나는 바로 신뢰다. 그리고 신뢰는 정보에서 나온다. 남성은 상대방에게 많은 정보를 제공함으로써 거짓말을 진실 안에 숨기려고 한다. 한국 남성들은 대부분 언어 중심적으로 소통을 한다. 신경언어프로그래밍(NLP)을 배우기 위해 공부하는 사람들도 남성이 많으며, 콜드리딩, 협상 기법, 설득 기술 등의 강의 수강 비율도 남성이 훨씬 높다. 남성들은 거짓말을 하면서 은유법, 과장법, 의인법 등 여러 수사법을 동원하기도 한다. 그리고 체계적인 언어 기술을 사용하며, 각종 통계 자료나 과학적 증거 등 권위 있는 정보를 제공함으로써 신뢰감을 얻으려 애쓴다. 30대 닝싱 잠가자에게 인생을 버티게 하는 힘에 대한 질문을 했다. 그는 44초 동안 179글자로 거짓말을 했다. 다음은 대화 내용을 정리 요약한 것이다.

질문 무엇이 선생님을 행동하게 하나요?

대답 원래 삶은 10%의 고통과 20%의 행복, 그리고 70%의 그저 그런 순간들이 있대요. 그런데 그 20%의 행복 때문에 10%의 고통도 참아내고 70%의 그저 그런 시간도 견뎌낼 수 있다고 그러거든요. 근데 제 인생에서 행복은 아직 추지 않은 다음 곡, 왜냐하면 어떤 팔로우랑 같이 춤을 추느냐에 따라서, 그러니까 어떤 여자랑 같이 춤을 추느냐에 따라서 그 순간의 희열 같은 게 막 나오고, 그리고 엔돌핀이 막 팍팍 솟아나오는 것 같아요.

한국 여성의 상당수는 거짓말을 할 때 최소한의 정보를 제공한다. 우리는 여성들이 남성보다 더 많은 말을 하고 언어 능력이나 공감 능력이 뛰어나다고 알고 있다. 그러나 거짓말을 할 때 여성들은 오히려 말을 극단적으로 줄이는 경우가 많았다. 세간에 널리 퍼진 여성들의 특성이 사실은 잘못된 편견일까?

몇 명의 여성 참가자들에게 거짓말을 할 때 왜 말을 짧게 줄이는지 그 이유를 물어봤다. 그들은 들키지 않기 위해서라고 답했다. 많은 여성들이 거짓말을 할 때 정보를 많이 제공할수록 실수하거나 논리적으로 어긋날 확률이 높을 것이라는 우려를 가지고 있었다. '꼬리가 길면 잡힌다'라는 속담처럼 거짓말을 할 때 말이 길어지면 그만큼 얼굴 표정이라든가 목소리, 혹은 말의 내용에 거짓말의 단서가 나타날 확률이 높아지기에 짧게 대답한다는 것이었다. 즉 한국인 남성이 많은 사실 속에 거짓을 은폐하는 전략을 취하는 경향이 있다면, 한국인 여성들은 정보 자체를 차단함으로써 의심받을 여지를 줄이는 전략을 취하는 경우가 많았다. 한국인 여성에게만 주로 나타나는 현상인지 아니면 전 세계 여성에게서 공통적으로 찾을 수 있는 현상인지는 아직 데이터 수집이 더 필요하다. 그러나 한국인 남성과 여성이 거짓말을 할 때 나타나는 언어적 특징이 각각 다르다는 것만큼은 알 수 있었다. 물론 이것은 대체적인 경향일 뿐이다. 다음에 나오는 어떤 참가자 여성의 거짓말 사례를 보자.

질문 다른 사람들이 선생님에 대해 어떤 평가를 내릴 것이라고 생각하세요?
대답 다른 사람들이 어떻게 생각할지는 잘 모르겠어요. 근데 보통 많이 듣는 얘기는 겉모습이 반전이 있다, 약간 엉뚱한 면이 있다, 이렇게 많이 얘기하더라고요. 약간 어리바리한 면도 있다, 그런 식으로 많이 봐요. 그리고 좀 정이 많다고, 다른 사람들 생각할 때는.

한국인이 거짓말을 할 때, 모든 남성이 거짓말을 하면서 길게 말하는 것도 아니며, 모든 여성이 짧게 말하는 것도 아니다. 진행된 거짓말 실험 결과가 모든 사람에게 해당되는 것은 아니기 때문이다. 다만 한국인 성인 남녀들이 거짓말을 할 때 나타나는 대체적인 경향 정도로는 참고할 만할 것이다.

SIGNAL 3 말의 힘을 키우는 특정 단어 반복

/

한국인들이 거짓말을 할 때 나타나는 두 번째 언어적 단서로는 특정 단어를 반복하는 현상이 있었다. 여기서 특정 단어를 반복한다는 것은 말버릇이나 추임새와는 다르다. 거짓말로 상대를 속이면서 설득하기 위해서는 특정 단어를 강조해야 할 때가 있다. 그런데 강조하려는 생각이 앞서다보니 무의식적으로 특정 단어를 여러 번 반복해 말하게 된다. 때로는 거짓말을 하려는 말의 내용 전체를 그대로 거듭하기도 한다. 거짓말 시 특정 단어를 반복하는 현상은 그 발생 빈도가 높지는 않았다. 1,083개의 거짓말들 가운데 특정 단어를 3회 이상 반복해서 말한 거짓말 사례는 20개에 불과하다. 그러나 앞에 있는 카메라를 의식하지 않아도 되는 일상에서는 이보다 더 많이 나타날 것이라 생각된다.

특정 단어를 반복해 거짓말을 하는 상황에서도 특별한 점 한 가지를 발견할 수 있었다. 여기에서도 남녀 차가 존재했는데, 남성의 비율이 세 배가 넘게 높았다. 여성들이 거짓말을 할 때 특정 단어를 반복하는 경우는 단 4회밖에 발견되지 않았다. 다음은 30대 남성 참가자와의 문답이다. 그는 특정 질문에 대해 거짓말로 답할 때 다른 대화에서의 언어 패턴과는 다르게 말버릇이 아님에도 '거의'라는 어느 한도에 가까운 정도를 나타내는 막연한 뉘앙스의 단어를 4회 반복했다.

질문 일주일에 약주는 몇 번 정도 드세요?

답변 거의 술은 많이 안 마시고요. 거의 뭐 한 달에 한 번 정도?. 거의 요즘 술도 잘 안 먹어요. 거의 뭐 안 먹고.

사기꾼 조희팔은 2006년 6월부터 2008년 10월까지 약 2년 5개월 동안 피해자 3만여 명을 상대로 5조 715억 원대의 금융 다단계 범행을 저질렀다. 그가 금융다단계 회사 리드앤 출범식 당시 했던 연설을 보면 두 가지 특징을 발견할 수 있는데 하나는 소속감을 드러내는 단어나 감성적인 표현을 자주 동원하는 한편, 자신이 전하는 메시지가 사실임을 강조하며 스스로의 말에 권위를 부여하려는 표현을 자주 썼다는 것이다. 그리고 다른 하나는 특정 단어를 반복적으로 사용했다는 것이다. 그는 연설에서 총 1,163개의 단어를 꺼냈는데 '여러분'이라는 단어를 70회, '우리'는 40회, '가족'은 25회에 걸쳐 반복적으로 사용했다. 대중을 상대로 자신의 주장을 전달하는 연설의 특징을 감안해도 조희팔은 '여러분'이라는 단어를 유독 많이 사용했다. '여러분'이라고 듣는 사람을 지목하는 말에는 청중을 주목시키는 효과가 있다. 내가 주목한 단어는 '우리'와 '가족'이다. 특히 '우리'라는 단어에는 매우 강력한 힘이 있다. 오바마 미국 대통령은 2008년 내동령 취임 연설을 할 때 '우리'라는 단어를 70회나 사용했다. '우리'는 타인들과 자신을 하나로 아우르는 아주 강력한 단어다.

SIGNAL 4 거짓말을 알려주는 눈 깜박임

/

'눈 하나 깜짝하지 않는다'라는 속담이 있다. 태도나 기색에서 어떤 변화도 없이 태연하게 행동하는 것을 이르는 말이다. 거짓말을 능숙하게 하다 들킨 사람을 가리켜 '눈 한 번 깜박하지 않고 사람들을 속여왔다'고 혀를 내두르기도 한다. 이처럼 오래전부터 한국인들은 특별히 거짓말 심리학에 대해 학습하지 않았어도 눈 깜박임을 평소와는 다른 이상 징후로 받아들였다.

2015년 개봉한 영화 〈내부자들〉에는 거짓말의 징후를 살필 수 있는 재미있는 연출이 등장한다. 다음은 정치깡패 안상구의 폭로로 주력 일간지 논설주간인 이강희가 우장훈 검사에게 심문을 받는 장면이다.

우장훈 그 양반 왜 죽였어요? 당신이 죽였잖아. 그 오른손으로 끼적거려 가지고. 아니에요?

이강희 말씀이 좀 심하시네. 앞으로 팩트에 대해서만 질문해 주세요. 소설은 그만 쓰시고.

이강희는 '팩트'라는 말을 하는 순간부터 4초 동안 5회에 걸쳐 눈을 깜박였다. 특정 순간 눈을 자주 깜박임으로써 자신이 거짓말을 하고 있다는 단서를 드러낸 것이다. 눈을 자주 깜박이는 행동은 금세 사라진다. 하지만 잠시 후 다시 눈을 깜박인다.

우장훈 장필우하고 오회장한테 안상구 소개했죠?

이강희 그런 적 없습니다. 대기업의 회장과 정치인이 뭘 하러 한낱 깡패를 만
나겠습니까? 상식적으로 이해가 안 가는군요.

심리적으로 압박을 받던 이강희는 '뭘 하러'라는 말을 시작하면서 5초
동안 6회에 걸쳐 눈을 깜박였다. 이강희를 연기한 노배우인 백윤식은 거
짓말을 하는 초조한 순간을 특정 순간 눈을 자주 깜박이는 모습으로 노
련하게 표현한 것이다. 이와 비슷한 실제 사례 또한 거짓말 실험에서 자
주 볼 수 있었다. '눈 깜박임 증가'는 거짓말을 할 때 나타나는 단서 가운
데 세 번째 비중을 차지했다. 정상적인 사람이라면 보통 2~15초 사이 눈
을 한 번 깜박인다. 하지만 거짓말을 하는 사람은 특정 순간 1~2초 동안
3~4회 정도 눈을 깜박인다. 1,083개의 영상 가운데 271개, 25%에서 눈
깜박임 증가 현상이 나타났다. 눈 깜박임 증가 단서 또한 남녀 차이가 존
재하는데, 여성보다 남성에게서 더 많이 나타났다. 남성의 눈 깜박임 증
가는 181회였으나 여성은 그 절반인 90회였다. 비율로 따지면 남성은
30%, 여성은 18.8%였다.

우리가 눈을 자주 깜박이는 이유는 일곱 가지다. 바로 안구 건조, 피로,
밝은 조명, 낮은 습도, 높은 온도, 스트레스, 연기다. 우리의 눈은 일정한

양의 수분을 필요로 한다. 눈물이 모자랄 경우 수분을 보충하기 위해 눈을 깜박인다. 피곤하지 않은 사람보다 피곤한 사람이 눈을 더 많이 깜박인다. 아침에 출근해 저녁에 퇴근하는 직장인이라면 오전보다는 오후에 눈을 더 많이 깜박일 것이다. 스트레스로 인한 압박감을 받은 사람도 눈을 자주 깜박인다. 선천적으로 눈을 자주 깜박이는 사람이 있기는 하지만 눈을 습관처럼 자주 깜박이는 사람들은 일정한 패턴을 가지고 있다. 그러나 거짓말을 하는 사람들에게서는 이러한 패턴에서 벗어난 움직임이 발생했다. 30대 남성 참가자의 거짓말 영상을 분석해보니 그는 거짓말을 하던 51초 동안 75회 이상 눈을 깜박였다. 거짓말을 하면 불안감, 죄책감 또는 초조함 등의 감정을 느끼게 되면서 스트레스 반응이 나타난다. 거짓말을 하면서 받았던 스트레스가 눈의 움직임으로 표현된 것이다. 거짓말을 할 때 눈 깜박임 신호가 비정상적으로 증가하는 현상이 한국인만의 특성은 아니다. 눈 깜박임 증가는 세계적으로 통용되는 거짓말을 간파할 때 체크하는 주요 단서 가운데 하나다.

　주의할 점은 갑자기 눈을 자주 깜박인다고 해서, 또는 눈을 깜박이지 않는다고 해서 그 증상 하나만으로 거짓말이거나 혹은 진실이라고 판단해서는 안 된다는 것이다. 눈 깜박임 증가 현상은 초조함을 느낄 때 나타나지만, 인지부하가 발생하면 반대로 눈 깜박임이 줄어들기 때문이다. 새로운 상황을 창안해야 하기 때문에 거짓말을 할 때도 인지부하가 발생하기 마련이다.

SIGNAL 5 간지러워지는 입술과 침 바르기

/

'입에 침이나 바르고 거짓말해라'는 속담이 있다. 기후 변화 등과 같은 특별한 원인이 아니라면 입술 건조가 몹시 긴장한 상황일 때 나타나는 증상이기는 하다. 그렇다면 속담처럼 실제로도 참가자들이 거짓말을 할 때 입술에 침 바르는 징후가 나타날까 궁금해졌다. 실험 결과, 옛말은 틀리지 않았다.

입술에 침을 바르는 행동은 거짓말을 할 때 나타나는 단서 가운데 19위를 차지했다. 거짓말 실험 가운데 총 49개 사례에서 거짓말을 할 때 입술에 침을 바르는 모습이 나타났다. 비율로는 약 4.5%였다. 우리는 입술이 건조해졌음을 느낄 때 입술에 침을 바른다. 거짓말을 할 때에는 많은 혈액이 얼굴로 모여들면서 얼굴의 온도도 상승한다. 그렇기 때문에 입술의 건조함을 느끼면서 침을 바르게 되는 것이다. 입술에 침 바르기 단서 또한 여성보다 남성에게서 약 세 배(2.7배) 가량 높게 나타났다. 남성은 38회로 6.3%였으며, 여성은 11회로 2.3%의 비율을 보였다. 남성의 비율이 높은 까닭은 화장을 하는 여성이 입술을 관리하는 데 있어 남성보다 상대적으로 예민하기 때문이다.

인류 역사상 최악의 화이트킬라 범죄자로 기록된 버나드 메이도프 Bernard Madoff는 66조라는 천문학적인 금액을 사취해 2009년 6월 29일 최고 150년형을 선고받았다. 전 나스닥증권거래소 위원장인 버나드 메이도프는 자기 이름을 딴 버니 매도프 LLC를 운용하면서 미국 내 유명 인사는 물론 부유층과 국제금융기관, 헤지펀드 등에 다단계 금융 사기극을 벌였다. 그는 금융 피라미드 방식으로 뉴욕, 플로리다 팜비치, 캘리포니아에 거주하는 유태인들을 대상으로 사기를 행했으나, 특별히 화려한 영업 활동을 하지는 않았다. 그 대신 그는 완벽한 방식으로 사기를 연출했는데, 투자자들을 몇 달 혹은 몇 년을 기다리게끔 만들어 자신과의 미팅이 황송한 일이 되는 것처럼 여기게 만들었다. 또한 그는 부동산 관련 거물 기업들에게도 최소한의 정보만 제공하면서 신뢰를 요구했으며, 그에게 투자한 저명한 인사들을 전면에 내세우면서 그들과 인연을 맺은 스스로를 신뢰할 수 있는 사람인 것처럼 꾸몄다.

결과적으로 버나드 메이도프의 거짓말 범죄는 세계 금융 역사상 가장 큰 규모의 사기극이 되었다. 그의 사기 범죄로 인해 수많은 기관이 문을 닫았으며, 한국의 금융 기관도 1,300억 원 정도 피해를 본 것으로 추산된다. 버나드 메이도프의 비언어커뮤니케이션 스킬은 오바마 미국 대통령에 버금갈 정도로 뛰어나다. 예를 들어 2007년 10월 20일 뉴욕의 필록테테스 센터에서 진행된 〈주식시장의 미래〉 원탁회의 토론에 참여한 그의 영상을 분석해보면 그가 얼마나 상대를 설득하는 데 있어 비언어적인 신호를 효과적으로 활용하는가를 알 수 있다. 그는 라디오 성우처럼 신뢰할 수 있는 중저음의 멋진 목소리를 가지고 있었으며 우아한 손짓으로 자신이 하는 말을 강조하기도 했고 결정적인 순간에 확신의 제스처를 사용하기도 했다. 다만 그는 말을 할 때 그가 평소 보여준 믿음직한 이미지와는 어울리지 않게 입술에 침을 바르는 행동을 자주 보여줬다.

거짓말을 할 때 입술에 침을 바르는 행동은 한국인뿐만 아니라 외국인들에게서도 자주 나타나는 거짓말 단서다. 이를 가리켜 순응행동이라고도 한다. 순응행동이란 우리 몸이 스스로 편안해지고 싶어 하는 반응으로, 위협을 느끼거나 지루할 때 또는 불편한 상황에서 나타나는 행동이다. 대부분의 순응행동은 손과의 접촉을 통해 나타난다. 거짓말을 하는 사람들은 초조함을 느끼는 한편으로 불안함도 함께 느낀다. 이러한 심리를 해소하기 위해 거짓말을 할 때 사람들은 무의식적으로 순응행동을 보인다. 대표적으로 입술에 침을 바르는 행위를 비롯해 손으로 뺨을 받치는 행위, 손으로 얼굴의 코나 귀, 입술을 만지는 행위, 다리를 문지르는 행위, 한 손으로 다른 팔목을 잡는 행위 등을 꼽을 수 있다. 따라서 거짓말을 하는 사람들의 눈뿐만 아니라 입술도 관찰해야 한다. 한국인들이 거짓말을 할 때에는 입술에서도 단서가 드러나기 때문이다.

SIGNAL 6 거짓말을 준비하는 의미 없는 소리

/

천지 엄마, 나 엠피쓰리 사줘.

엄마 엠피쓰리? 갑자기 왜?

천지 어~ 그냥, 다른 애들은 다 가지고 있는데 나만 없어서.

엄마 무슨 이유가 그래? 요즘 애들은 다 있으니까 너도 있어야 한다는 거야?

천지 생일 선물 땡겨서 사줘.

엄마 무슨 생일 선물을 몇 달이나 앞당겨 달래.

만지 그냥 사줘.

엄마 누가 안 사준대! 천지야, 이번 달은 넘기고 사자. 전셋돈 올려줘야 되거든.

영화 〈우아한 거짓말〉에서 주인공 천지는 엄마에게 생일선물을 조르면서 다섯 가지 거짓말의 단서를 드러냈다. 그것은 발화('어~'와 같은 의성어), 안면비대칭, 거짓 미소, 눈동자 흔들림, 고개 숙임(죄책감)이다. 천지는 엄마에게 거짓말을 하면서 고개를 숙이거나 눈 맞춤을 피하는 등 자신이 거짓말을 하고 있음을 엄마에게 들키지 않기 위해 다양한 행동으로 얼굴을 가리려고 했다. 또 "어~ 그냥"이라는 의미없는 말을 했다. 거짓말을 하기 위해서는 시간이 필요하다. 그래서 의미 없는 의성어를 흘림으로써 시간을 번 것이다. 실제로 이와 비슷한 사례를 거짓말 실험을 통해 확인할 수 있었다. 30대 남성과 30대 여성에게 질문을 했었다.

질문 신이 꿈속에 나타나 어부가 되라고 했습니다. 선생님이라면 어부가 되시겠습니까?

대답 신이 나타나서 어부가 되면 뭔가 해준다고요? 그냥 어부가 되어라? 어~

그냥, 어부가 되어라…. 해보죠. 지금 하는 것도 딱히 마음에 안 드는데.

질문 꿈이 있다면 무엇인지 여쭤 봐도 될까요?
대답 음~ 그냥, 행복하게 살았으면 좋겠어요. 건강하게 행복하게.

세대나 성별을 떠나 대부분의 한국인들은 거짓말을 할 때 목소리를 자유자재로 변화시킬 줄 안다. 그 가운데에서도 목소리의 결을 잘 조절하는 사람들이 있다. 뉴스 앵커나 아나운서, 라디오 DJ 등이 대표적인 직업군이라고 할 수 있다. 그들은 훈련과 경험을 통해 언제 어느 순간에 목소리 크기, 톤, 빠르기, 리듬 그리고 호흡을 조절해야 하는지 잘 알고 있다. 정치인들과 사기꾼들도 마찬가지다.

그러나 아무리 훌륭한 목소리 조절 능력자라고 할지라도 거짓말을 할 때에는 반드시 실수를 하기 마련이다. 거짓말 실험 결과를 분석해보니 많은 참가자들이 거짓말을 할 때 '음~', '쩝~', '어~', '쓰~', '아~'와 같은 별다른 의미가 없는 발화를 무의식적으로 낸다는 사실을 발견할 수 있었다. 이러한 발화는 참가자가 여느 대화에서 보여준 말버릇과는 달랐다. '쩝~'은 혀를 아주 가볍게 차듯이 혀와 입천장이 떨어지면서 발생하는 소리다. '어'와 '아'는 경계가 모호할 것 같지만 뭔가를 골몰할 때 내는 소리가 '어~'라면 약간의 아쉬움이나 깨달음을 표현하는 탄성과 같은 소리가 '아~'다. 가장 빈번하게 나타난 목소리 신호는 발화 '음~'이었다. 거짓말 실험 가운데 207개에서 '음~'이라는 소리가 나타났으며, 그 다음으로 '쩝~'이 166개, '어~'가 131개, '쓰~'가 112개, '아~'가 60개로 나타났다. 비율로 따지면 '음~'은 19.1%, '쩝~'은 15.3%, '어~'가 12.1%, '쓰~'는 10.3%, '아~'는 5.5% 순이다. 거짓말을 할 때 가장 많이 나타나는 단서 순위로 집계했을 때 각각 4, 5, 7, 12, 17위로 나타났다.

한국인들이 거짓말을 할 때 나타나는 단서인 발화에서도 특이한 점을 발견할 수 있었다. '음~'과 '어~' 소리는 남녀 간에 큰 차이가 없었으나, '쩝~', '쓰~', '아~'는 남녀 간에 차이가 있었다. 남성의 거짓말 603개 가운데 '쩝~' 소리를 내는 거짓말은 141개(23.4%)나 되었으나, 여성은 25개(5.2%)에 불과했다. 남성에게서 4.5배나 많이 나타난 것이다. '쓰~' 소리도 남성에게서 더 많이 나타났다. 남성은 90개(14.9%)였는 데 반해, 여성은 22개(4.6%)였다. '쓰~' 소리도 남성에게서 3배 이상 높게 나타났다. '아~' 소리는 남성에게서 55개(9.1%)가 나타나, 여성(5개, 1%)보다 약 9배 정도 높았다. 무슨 이유에서 이런 차이가 나는지에 대해 아직 정확하게 밝히지는 못했으나, 남성이 거짓말을 할 때 여성보다 훨씬 많은 단어를 사용하기 때문이라고 추측된다. 말을 많이 할수록 생각할 시간이 더 필요하게 되며, 그것이 잦은 발화로 표현되는 것이다. 사람들은 거짓말을 하기 전에 신중하게 사용할 단어를 선택한다. 그래서 생각할 시간이 필요하다. 다만 생각에만 열중하느라 침묵을 길게 이어가는 것은 상대방으로 하여금 경계심을 불러일으킬 수 있으므로 무의식적으로 의미 없는 소리를 내서 말이 끊긴 것처럼 여겨지지 않도록 상대의 청각을 자극하는 것이다. '쩝~', '음~', '어~', '아~'와 같은 의미 없는 소리가 그 역할을 하는 셈이다.

발화는 의사소통에서 세 가지 역할을 한다. 첫 번째 역할은 앞서 언급한 것처럼 생각할 시간을 벌어다 준다는 것이다. 대화를 하기 위해서는 말을 해야 하며, 말의 내용에 대해 생각할 시간이 필요하다. 오래전 기억이나 이야기, 사람, 물건, 소리 등을 기억해내는 일 또한 시간을 필요로 한다. 어느 공무원을 만나 대화를 나누었던 적이 있다. 그때 그는 뭔가에 대해 말하려다가 생각이 잘 나지 않자 특이한 행동을 취했다. 허공에 대고 팔을 흔들었던 것이다. 그러면서 '쓰~'라는 소리를 냈었다. 거짓말을 하기 위해 새로운 이미지를 창조하는 작업에도 시간이 필요하다. 우리는 상상할 때에도 발화를 사용한다.

두 번째 역할은 대화의 분위기를 이어나가게 해준다는 것이다. 침묵은 통상적인 커뮤니케이션 범위에서 벗어나기에 침묵이 길어지면 말의 흐름이 끊기고 분위기가 어색해질 수 있다. 이때 '음~' 같은 발화로 말을 이어나감으로써 대화의 분위기를 지속시켜준다.

세 번째 역할은 감정의 표현이다. 기쁨, 슬픔, 놀람, 분노 등 여러 감정이 발화로 표현되기도 한다. 가장 쉽게 떠올릴 수 있는 발화는 근래 한국의 젊은 사람들 사이에서 유행하는 '헐~'이다. '헐~'은 다른 무의식적인 발화와는 다르게 상황에 따라 말하는 이의 감정을 의도적으로 표현할 수 있다. 기쁨부터 슬픔, 분노, 놀람이 될 수도 있으며, 어이없음을 표현하기도 한다. '헐~'은 온라인상에서 쓰이던 감탄사가 널리 유행하면서 오프라인으로까지 나오게 된 표현으로, 한국인들에게서만 나타나는 특이한 발화다.

한국인들은 거짓말을 하면서 '음~'이나 '어~'라는 소리를 한 번 낼 수도 있으며, 2회 이상 낼 수도 있다. 개인의 습관에 따라 또 다른 소리를 낼 수도 있다. 거짓말 실험에서 발화가 2회 이상 나타나는 경우도 있었는데 그 수를 비교해 보면 '음~'은 21회, '쩝~' 21회, '쓰~'는 12회였다. 또 '음~'과 '어~'가 순차적으로 소리 나기도 하며, '어~'와 '쓰~'가, '음~'과 '쓰~'가 함께 나타나기도 한다. 한국인들이 거짓말을 할 때 다양한 종류의 발화가 순차적으로 나타날 수도 있음을 기억해두면 거짓말을 분석하기가 조금은 쉬워질 것이다. 이렇게 한 번의 거짓말에서 다양한 발화가 한꺼번에 나타나는 현상은 주로 한국인들에게서 자주 나타나는 특성으로 추정된다.

SIGNAL 7 눈동자가 움직이면 거짓말이 만들어진다

/

한국인들이 거짓말을 할 때 두 번째로 가장 많이 나타나는 거짓말 신호는 바로 눈동자 좌우 이동이다. 눈동자 좌우 이동은 인지부하가 발생할 때, 즉 의식적인 노력이 더해져 생각을 많이 해야 할 때 나타나는 거짓말 단서다. 우리의 눈은 생각보다 많은 말을 한다. 눈동자는 상하좌우로 움직일 수 있다. 거짓말을 하는 사람들은 무의식적으로 눈동자를 좌우로 움직였다. 눈동자 좌우 이동은 모두 361개(33.3%)의 거짓말에서 나타났는데, 이 거짓말 단서에서도 남녀별 차이점이 뚜렷하게 나타났다. 남성들의 경우 294회가 발생한 데 반해, 여성들에게서는 67회밖에 나타나지 않았다. 비율로 따지자면 남성은 48.8%, 여성은 14%로 남성의 '눈동자 좌우 이동' 비율이 여성보다 세 배 이상이나 높았다. 여성이 거짓말을 할 때 남성에 비해 눈동자의 움직임이 상대적으로 덜한 까닭은 뇌의 사용과 연관이 있는 것으로 추정된다.

미국 예일대학의 행동과학자 베넷 셰이위츠Bennett Shaywitz와 그의 동료들은 언어 과제를 수행하는 데 있어 남성과 여성의 뇌가 다르게 반응한다는 사실을 밝혀냈다. 기능적 자기공명 영상장치(fMRI)를 이용해 19명의 남성과 19명의 여성의 뇌를 측정한 결과, 남성은 뇌의 좌반구만 활성화되었던 데 반해, 여성은 뇌의 좌반구와 우반구가 모두 활성화되었다. 즉 여성은 말을 할 때 뇌의 좌반구와 우반구 모두 다 사용하는 데 능숙하다는 것이다. 거짓말을 할 때도 여성들의 경우 마찬가지로 눈동자를 좌우로 움직이지 않아도 되었다. 눈동자가 좌우로 움직였다는 것은 과거의 기억을 떠올렸다는 것일 수도 있고, 미래의 모습을 상상했다는 것일 수도 있다.

NLP(신경언어프로그래밍)의 눈동자 접근 단서(Eye Access Que)에 따르면 눈동자가 어느 방향에 위치해 있는가에 따라 그 사람이 이미지, 소리, 내부 대화 가운데 무엇을 했는지 알 수 있다. 누군가에게 질문을 했을 때 그 사람의 눈동자가 좌측 상단에 위치해 있다면 과거의 이미지에 대해 회상했다는 것을 의미한다. 또 우측 상단에 위치하면 상상을 하고 있다는 뜻이다. 경험하지 않았던 새로운 공간, 인물 혹은 사물에 대한 이미지를 창조해냈다는 것이다. 50대 남성에게 해외여행을 어디에 다녀왔는지 전부 말해달라고 질문을 했다. 그 남성은 호주, 캐나다, 미국에 가봤으며 그 외 다른 곳에 가본 적은 없다고 대답했다. 그런데 이 말을 할 때 눈동자를 좌우로 움직였다. 그는 진실과 거짓을 섞어서 말했다.

소리 또한 마찬가지다. 누군가에게 질문을 받은 다음 눈동자가 왼쪽 귀를 향하고 있다면 그 사람은 과거에 들었던 소리에 대해 회상한 것이다. 반대로 눈동자가 오른쪽 귀를 향하고 있다면 자신이 들어보지 못했던 소리에 대해 상상을 한 것이다. 만약 누군가에게 다음과 같은 두 가지 질문을 한다면 상대의 눈동자가 각각 어느 방향으로 움직이는지를 확인할 수 있을 것이다.

"아마존에 살고 있는 핑크 돌고래는 어떻게 울음소리를 낼까?"
"최근 부모님과 전화통화를 했을 때 무슨 말을 주고받았는가?"

첫 번째 질문에 답하기 위해서는 희귀동물이 내는 소리를 상상해야 하기 때문에 상대가 눈동자가 오른쪽 귀를 향했을 것이며, 두 번째 질문을 받았을 때에는 눈동자가 왼쪽을 향했을 것이다. 또 눈동자를 좌측 하단이나 우측 하단으로 움직이는 사람들을 볼 수도 있다. 좌측 하단은 내부 대화, 즉 자기 자신과 대화를 할 때 나타나며, 첫 사랑과의 키스처럼 신체적 촉감이나 느낌을 떠올릴 때에는 우측 하단으로 이동시킨다. 주의할 점은 이러한 눈동자 접근 단서가 모든 사람에게 적용되는 것은 아니라는 점이다. 5~10% 정도의 사람들에게서는 왼쪽과 오른쪽이 반대로 나타나는 경우가 있다. 어느 쪽이든 눈동자가 좌우로 움직이는 현상 자체는 거짓말과 연관되어 있다. 다만 눈동자의 방향이 어느 특정한 방향으로 움직였다고 해서 그 단서 하나만으로 거짓말이라고 단정해서는 안 된다. 진실을 말할 때에도 깊은 생각에 잠기면 눈동자가 좌우로 움직이기 때문이다. 또한 어떤 사람들은 눈동자가 움직이지 않은 채 정면을 응시하면서 거짓말을 한다. 이들은 사기꾼처럼 거짓말을 잘하는 법을 알고 있는 사람들이거나 뇌의 회로 연결이 잘 되어 있는 사람들이다.

SIGNAL 8 스쳐 지나가는 거짓말 단서, 미세표정

/

메리는 40대 여성으로 여느 중년 여성들이 겪고 있는 평범한 나날을 보내고 있었다. 아이들은 다 자라서 더 이상 그를 필요로 하지 않았고, 무료한 일상 속에서 그는 자신을 쓸모없는 존재라고 느끼게 되었다. 그는 여러 차례 자살을 기도하기도 해 결국 정신병원에서 집단 치료요법과 약물 투약 처방을 받았다. 어느 주말 그는 휴가를 요청하며 담당 의사와 면담했다. 그 면담은 영상으로 기록되었다. 메리는 휴가를 나갔고 또 다시 자살을 기도했지만 다행스럽게도 누군가에게 발견되었다. 구조된 메리는 휴가를 얻기 위해 면담에서 거짓말을 했다고 고백했다. 메리의 면담 기록 영상은 심리학자와 정신과 의사 등에게 공개되었는데 그들 또한 메리의 거짓말에 속았다. 연구팀은 많은 시간을 투자해 면담 기록을 연구했다. 슬로우 모션으로 영상을 돌려보며 단서가 될 만한 것을 샅샅이 찾아보기도 했다. 그리고 아주 느리게 돌린 면담 영상에서 메리가 매우 짧은 시간 동안 스치듯 절망적인 표정을 지었던 모습이 포착되었다.

미세표정을 최초로 발견했던 일화다. 미세표정Micro expression은 매우 짧은 순간 나타났다 사라지기 때문에 특별한 훈련을 받지 않는 사람들이 찾아내기는 힘들다. 사람은 누구나 얼굴 표정을 통해 자신의 감정을 표현한다. 하지만 미세표정은 자신의 의지와 상관없이 매우 짧은 순간, 보통 0.2초 안에 나타났다가 사라진다. 거짓말 실험에서는 총 152개의 미세표정이 나왔다. 미세표정은 일곱 가지 감정으로 표현되는데, 거짓말 실험에서 확인된 것은 분노와 두려움을 제외한 다섯 가지 감정에 대한 미세표정이었다. 일곱 가지 감정은 기쁨, 슬픔, 분노, 놀람, 두려움, 경멸, 혐오감이다. 미세표정에 대해 이야기하기 위해서는 우선 일곱 가지 감정에 대해 짚고 넘어가야 한다. 일곱 가지 감정은 전 세계 누구에게서나, 인종과 문화를 초월해 나타나는 인류 공통의 보편적인 감정이다. 학자들마다 조금씩은 다른 견해를 가지고 있지만, 이 일곱 가지 감정을 1차 감정 혹은 기본 감정이라고도 한다.

■ 미세표정을 구성하는 일곱 가지 감정

바디랭귀지 강의를 하면서 청중에게 일곱 가지 감정을 표현한 각각의 사진을 보여줬다. 그리고 청중에게 어떤 감정을 표현한 표정인지를 질문했다. 가장 빠른 대답이 돌아오고 수강자 누구나 쉽게 짚어내는 감정은 바로 기쁨이다. 기쁨은 웃음으로 표현된다. 기쁨을 표현할 때 우리 얼굴에서는 크게 두 가지 근육이 움직인다. 양 입 끝이 위로 올라가도록 하는 대관골근과 눈가에 주름을 만들게 하는 안륜근이다. 대관골근은 뺨에 있는 근육으로 입 끝이 위로 올라가도록 하며, 안륜근은 눈둘레근이라고 하는데 우리 눈을 둘러싸고 있는 원 형태의 근육이다. 일반적으로 사람들은 웃음으로 기쁨을 표현하지만 눈물로 기쁨을 드러내기도 한다. 물론 이른바 '기쁨의 눈물'에는 기쁨뿐만 아니라 성취감, 자부심 등 여러 가지 감정이 복잡하게 섞여 있다. 어지간한 사람이라면 기쁨의 눈물과 슬퍼서 흘리는 눈물을 직관적으로 구분할 수 있다. 한국인들 가운데 일부는 거짓말을 하면서 기쁨의 표정을 짓기도 한다. 남을 기만하는 행위가 재미있고 우월감을 주기 때문이다.

우리는 슬픔을 느끼는 동시에 얼굴 표정에서 변화가 발생하고 눈물을 흘리기도 한다. 그 눈물 때문에 슬픔은 눈을 통해 가장 쉽게 눈치 챌수 있는 감정이다. 슬픔을 느끼면 양 입 끝이 아래로 내려가고 눈가에 눈물이 고이기 시작한다. 눈물이 고이면 눈물막의 두께가 변하는데 우리는 그것을 직감적으로 알아차린다. 그리고 눈꺼풀이 아래로 처지면서 눈동자의 초점이 사라진다. 분노 뒤에 슬픔이 찾아오는 경우도 있고 슬픔이 발생하고 난 후 분노가 올 수도 있다. 때때로 슬픔 뒤에 기쁨이 찾아오기도 한다. 슬픔을 나누다 보면 그 무게가 가벼워지면서 기분이 나아지기도 하기 때문이다. 슬픔이라는 감정이 지속되면 우울증에 빠지기 쉽다. 감정 가운데에서도 슬픔을 주의해서 다뤄야 하는 까닭이다. 보건복지부의 자료에 따르면 2009년부터 2013년까지 우울증 진료 인원은 2009년 55만 5,528명에서 2013년 66만 4,616명으로 크게 증가했다. 2013년도를 기준으로 했을 때 여성의 우울증이 남성보다 2.1배 높게 나타난 것이다.

한국인들이 빨리 알아차리는 또 하나의 감정은 분노다. 분노가 발생하면 눈썹이 아래로 내려가고 이를 악물게 되면서 광대 근육이 긴장하게 된다. 때때로 분노는 손이나 자세를 통해서도 나타난다. 주먹을 꽉 쥐는 모습으로 표현되기도 하며, 양 다리를 벌리고 허리에 두 손을 올리는 자세로 드러나기도 한다. 분노의 감정 또한 조심해서 다뤄야 하지만 분노를 즐기는 사람들도 있다. 그들은 언쟁을 하거나 싸우기를 좋아하는 부류로, 그들과 함께 있으면 분노의 감정에 감염되기 쉽다.

혐오감은 입과 관련된 감정이다. 혐오감은 불쾌함과 불결함을 함께 느끼는 감정이다. 우리가 혐오감을 느끼게 되면 코에 주름이 생기며, 윗입술이 위로 올라간다. 우리는 음식에 대해 혐오감을 가질 수도 있으며, 사람에 대해 혐오감을 가질 수도 있다.

놀람은 어떤 감정의 전조가 되기 쉽다. 놀람 뒤에는 기쁨이 찾아올 수도 있으며, 두려움 혹은 분노가 찾아올 수도 있다. 약속 장소에서 누군가를 기다리고 있는데 갑자기 어떤 사람이 어깨에 손을 올렸다. 이때 발생하는 감정이 놀람이다. 만약 어깨에 손을 올린 사람이 사랑하는 사람이라면 뒤이어 기쁨의 표현을 하겠지만, 싫어하는 사람이었을 경우 화가 날 것이다. 놀람이라는 감정을 느끼게 되면 눈썹과 눈꺼풀이 위로 올라가며 입을 벌리기도 한다. 놀람은 그 지속시간이 보통 1~2초 정도로 짧다. 누군가가 이것보다 더 긴 시간 동안 놀란다면 거짓일 확률이 높다.

두려움은 놀람과는 다른 감정이지만, 거짓말 강의를 진행하면서 대부분의 한국인들이 놀람과 두려움을 잘 구별하지 못한다는 사실을 알게 되었다. 두려움의 표정은 놀람의 표정처럼 눈썹과 눈꺼풀이 위로 올라간다. 하지만 입이 벌어지지 않고 양 입 끝이 귀 쪽으로 움직인다. 두려움이 드러나지 않는 사람들도 있다. 예를 들어 뇌손상으로 인해 편도체에 이상이 있는 사람들은 두려움을 느끼지 못한다.

경멸은 두 가지 형태로 나타난다. 어느 대학생들이 직접 거짓말에 대해 실험한 영상 내용은 다음과 같다. 면접관이 대학생에게 질문했다. "모

교수님을 좋아하시나요?" 그러자 그 대학생은 "정말 사랑합니다"라고 답하면서 왼쪽 입 끝이 살짝 올라갔다. 이른바 '썩소'라고도 하는 이 미소는 상대방을 업신여길 때 나타난다. 또 다른 형태로 고개를 뒤로 움직여 광대 아래로 사람을 깔아보는 행동도 있다. 경멸은 상대를 업신여김으로써 스스로에게 좋은 기분을 가져다주는 감정이다. 자기 자신에 대한 과도한 자신감, 즉 자만심이 경멸의 원인이 되기도 한다.

■ 한국인이 거짓말할 때 드러나는 미세표정의 특징

한국인들이 거짓말을 할 때 나타나는 미세표정 가운데에는 구분하기 쉬운 미세표정이 있는 반면 찾기 어려운 미세표정도 있었다. 거짓말 실험에서는 152개의 영상에서 미세표정을 발견했는데, 그 가운데 129개가 경멸의 미세표정이었다. 반면 놀람과 분노의 미세표정은 발견할 수 없었다. 인터뷰를 원활하게 진행하기 위해서는 놀람과 분노를 유발하는 질문을 함부로 던질 수 없었기 때문이다. 놀람과 분노는 질문보다는 몸으로 겪는 경험에 의해 발생되는 경우가 많다. 이외에도 슬픔의 미세표정 10개와 기쁨의 미세표정 7개, 혐오감의 미세표정 5개, 두려움의 미세표정 1개를 찾아낼 수 있었다.

경멸의 미세표정(129개)은 한국인이 거짓말을 할 때 나타나는 단서 가운데 8위를 차지했다. 11.9%의 비율로 거짓말 열 개 가운데 하나는 경멸의 미세표정이 나타난다고 볼 수 있다. 거짓말을 할 때 거짓말을 듣는 상대방에 대한 경멸의 표정이 스치듯 지나가는 경우가 극단적으로 많이 나타난 까닭에 대해서는 연구가 더 필요하다. 이러한 결과가 이번 거짓말 실험에 국한된 것인지, 그것이 아니라 보편적인 현상이라면 다시 한국인들에게만 적용되는 것인지 아니면 미국이나 유럽, 중국, 일본 등 인류 보편적으로 나타나는 현상인지에 대해서도 오랜 시간을 들여 조사해봐야만 알 수 있을 것이다.

한국인들이 거짓말을 할 때 나타나는 미세표정을 분석하면서 독특한 점 세 가지를 발견했다. 첫 번째는 여성보다 남성에게서 경멸의 미세표정이 두 배 정도 높게 나타났다는 것이다. 거짓말 시 남성의 경멸 미세표정은 93회 나타났던 데 반해, 여성의 경멸 미세표정은 36회밖에 나오지 않았다. 각각 15.4%, 7.5%의 비율로 남성이 약 두 배 가량 더 높았다.

두 번째는 미세표정이 얼굴뿐만 아니라 팔과 어깨에서도 나타났다는 것이다. 20대 후반 남성 참가자에게 남들보다 잘하는 것이 무엇인가에 대해 질문했다. 자신은 순발력이 좋다고 말을 한 뒤 매우 짧은 시간 동안 오른쪽 어깨를 살짝 들썩였다. 거짓말을 하면서 몸이 자신의 말을 부정한 것이다. 또 50대 남성 참가자에게는 요즘 행복한지에 대해 질문했다. 그는 행복하지 않다고 말했다. 그리고 자신의 왼팔을 매우 짧은 시간동안 살짝 흔들었다. 이 현상 또한 몸이 말을 부정한 것이다.

세 번째는 진실을 말할 때에도 미세표정이 나타난다는 것이다. 9년 전부터 바디랭귀지와 관련된 자료를 조사하면서 우리가 거짓말을 할 때 미세표정이 나타난다는 사실을 처음 알게 되었다. 그러나 비교분석을 위해 진실을 말하는 영상을 관찰할 때에도 미세표정은 여러 곳에서 나타났다. 지금까지 바디랭귀지 전문가들은 거짓말을 할 때 미세표정이 나타난다는 것을 강조했었지, 진실을 말할 때에도 미세표정이 나타난다는 것을 말하지는 않았다. '얼굴에서 미세표정이 나타나면 100% 거짓말'이라는 나의 믿음은 풍선의 바람이 빠지는 것처럼 한순간에 허공으로 날아갔다. 거짓말 실험을 하면서 20대의 남성에게 살아가면서 가장 소중한 가치 한 가지만 말해 달라는 질문을 했다. 그는 "어~, 아무래도 건강. 내 건강과 주위 사람들의 건강요"라고 진실을 얘기했다. 그런데 '아무래도'라는 말을 하는 동시에 오른쪽 입 끝이 올라가는 미세표정이 나타났다. 진실을 말할 때에도 과거의 기억을 반추하면서 어떤 감정이 건드려졌다면 미세표정이 나타날 수 있는 것이다.

SIGNAL 9 거짓말에는 역시 거짓 미소

/

프랭크 애버그네일Frank Abagnale Jr.은 일찍이 십대 시절부터 수표를 위조해 140만 달러를 가로채는가 하면 항공기 파일럿, 소아과 의사와 변호사 등 다양한 전문직으로 위장해 많은 사람들을 속인 전설적인 사기꾼이다. 그의 사기꾼 기질은 FBI에서 손꼽히는 요원인 칼 핸러티까지 속일 정도로 탁월했다. 칼은 프랭크의 뒤를 추적한 끝에 호텔방을 덮쳤지만 프랭크는 정부 비밀요원으로 위장해 칼을 속이고 여유롭게 위기에서 벗어난다. 이때 프랭크는 칼에게 거짓 미소를 보여줌으로써 칼의 마음을 안심시킨다.

실화를 바탕으로 한 영화 〈캐치 미 이프 유 캔〉의 한 장면이다. 한국인들이 거짓말을 할 때 드러나는 미소는 크게 진실된 미소와 거짓 미소 두 가지로 나뉜다. 그 가운데 거짓 미소는 예의상 입 주변의 근육들만을 움직여 짓는 미소를 가리키는데, 이외에도 어처구니가 없을 때 짓는 헛웃음, 상대방을 업신여기는 비웃음, 그리고 부정적인 감정이 수반된 미소 등을 아우른다. 거짓 미소는 거짓말 실험 가운데 총 188개의 사례에서 나타났다. 한국인들의 25가지 거짓말 단서 가운데 여섯 번째로 자주 나타나는 단서였다.

여성이 남성보다 더 많이 웃기 때문에 여성의 거짓 미소가 훨씬 많을 것이라 예상했었으나, 예상과는 다르게 남녀 간 차이는 크지 않았다. 여성들의 거짓 미소는 92회, 남성은 96회였으며, 각각 여성 19.2%, 남성 15.9%의 비율로 나타났다.

일반적으로 거짓 미소라고 하면 눈은 웃지 않고 입만 웃는 미소를 떠올린다. 진실된 미소는 눈을 둘러싸고 있는 안륜근이 움직이기 때문에 눈 끝에 주름이 생기며 양 입 끝이 올라간다. 반면에 인위적인 미소는 눈 끝에 주름이 생기지 않고 양 입 끝만 올라간다. 거짓 미소는 '팬암 미소

Pan Am smile'라고도 하는데 팬암항공이라고 불리는 미국의 팬아메리칸월드 항공의 승무원들이 고객들에게 짓는 미소에서 유래했다.

SIGNAL 10 상대방의 말을 반복하며 시간을 끌기

/

거짓말을 할 때 나타나는 또 다른 언어적 단서로는 답변할 때 질문의 일부를 반복한다는 것이다. 질문 일부를 반복하는 언어 패턴은 남녀를 가리지 않고 누구에게서나 나타났다. 다음의 사례를 보자.

질문 인생에 있어서 가장 중요한 질문은 무엇이라고 생각하십니까?
답변 가장 중요한 질문은 어~, 그~, 제가 저 자신한테 항상 하는 질문인데요, 너는 그 다른 사람의 행복에 대해서 얼마나 생각하고 있느냐, 약간 그게 가장 저기 그 중요한 질문이고요, 항상 제 자신이 행복하냐 행복하지 않냐를 따질 때 먼저 다른 사람을 먼저 생각해봐야 된다고 생각해요,

질문 하기 싫은 일이 있다면 무엇입니까?
답변 하기 싫은 일, 공부하는 것.

거짓말을 할 때에는 인지부하가 발생하면서 생각할 시간을 필요로 한

다. 충분히 연습된 거짓말이 아니라 대화 도중에 말을 넘기기 위해 즉흥적으로 거짓말을 하는 경우, 대화의 흐름을 끊거나 의심받지 않기 위해서는 빠른 시간 안에 거짓말을 만들어내야 한다. 하지만 그 짧은 시간 안에 거짓말을 만들어내기란 결코 쉬운 일이 아니다. 그럴 경우 우리는 무의식적으로 시간을 조금이라도 벌기 위해 질문의 일부를 반복해서 답하기도 한다. 질문 일부를 반복해서 말하는 거짓말은 한국인들이 거짓말을 할 때 많이 나타나는 단서 9위로 거짓말 실험에서 총 127개(11.7%)를 찾을 수 있었다. 거짓말 열 가지 가운데 하나는 질문 일부를 반복해서 답하는 형태로 나타난 것이다. '질문 일부 반복' 단서는 남녀 간에 큰 차이가 없었다. 남성의 거짓말 603개 가운데 질문을 반복하는 상황은 72개(11.9%)로 나타났으며, 여성의 경우는 거짓말 480개 가운데 55개(11.5%)를 차지했다.

물론 질문의 일부를 반복했다고 해서 무조건 그것이 거짓말의 단서라고 단정해서는 안 된다. 습관적으로 질문의 일부를 반복해서 말하는 사람들이 있기 때문이다. 최면기법 가운데에는 백트래킹Back Tracking이라는 기술이 있다. 상대와 공감하고 있음을 언어적으로 표현하기 위해 질문의 일부를 반복해서 따라하는 방법이다. '나는 당신의 말을 충분히 주의 깊게 듣고 있으며 적극적으로 공감하고 있나'는 메시지를 전하기 위한 표현인 것이다. 사람은 대화에서 맞장구쳐주는 타인에게 쉽게 호의를 느끼기 마련이기 때문에 호의나 신뢰를 얻기 위해 적극적으로 상대방의 말을 받아 따라하는 것일 수도 있다. 따라서 질문의 일부를 반복한다고 해서 그것 하나만으로 거짓말이라고 단정해서는 안 된다. 거짓말을 할 때 질문을 일부 반복하는 현상은 한국인들에게서만 나타나는 단서는 아니다. 많은 문화권의 거짓말 사례에서 자주 찾을 수 있는데, 예를 들어 미국인의 거짓말 영상 자료를 분석해보면 미국인들 또한 거짓말을 할 때 상대방이 던지는 질문의 일부를 반복하며 답을 하는 경우가 많았다.

SIGNAL 11 거짓말이 새어 나오지 않도록 입을 꽉 다물기

/

영화 〈카사노바〉에는 전설적인 바람둥이를 다룬 내용답게 거짓말에 대한 인상적인 묘사가 나온다. 카사노바는 프란체스카를 사랑하게 되지만, 프란체스카의 사랑을 얻기 위해 어떻게 해야 할지 쉽게 결정을 내리지 못하는 난관에 부딪힌다. 그러던 어느 날 그는 프란체스카와 결혼을 약속한 파브리치오를 만난 다음 꾀가 생각난다. 곧 카사노바는 그의 신분을 위장해 프란체스카의 집으로 찾아간다. 그리고는 자신이 프란체스카와 결혼을 약속한 파브리치오라고 거짓말을 하면서 프란체스카와 그의 엄마를 속인다. 그때 카사노바는 중요한 거짓말의 단서인 행동을 보인다. 바로 입술을 꽉 다무는 표정을 지은 것이다.

'입술 꽉 다물기'는 한국인들뿐만 아니라 전 세계 사람들이 거짓말을 할 때 공통적으로 자주 나타나는 단서 가운데 하나로, 입술에 힘을 줘 말이 함부로 나오지 않도록 통제하고자 하는 움직임이다. 거짓말을 할 때 나타나는 이 행동 가운데에서 가장 유명한 사례는 1998년 빌 클린턴 당시 미국 대통령이 백악관 인턴 모니카 르윈스키와의 성추문에 관해 증언하면서 보여주었던 모습이다. 당시 빌 클린턴은 르윈스키와 성관계를 하지 않았다고 거짓말을 하면서 입술로 거짓말의 단서를 드러냈다.

입술에 힘을 줘 꽉 다무는 행동은 거짓말 실험에서 125개의 사례가 나왔다. 거짓말 실험에서는 열 번째로 자주 나타난 거짓말 단서였다. 남성의 경우 76회(12.6%), 여성은 49회(10.2%)로 나타나 성별의 차이는 거의 없었다. 입술 꽉 다물기는 거짓말을 하기 전에 나타나기도 하며 거짓말을 하고 난 후에 나타나기도 한다. 만약 상대방에게서 평소 말을 할 때와는 다르게 말을 하고 난 후 입술을 꽉 다무는 행동이 나타난다면 거짓말을 하고 있지는 않은지 의심해볼 필요가 있다.

SIGNAL 12 웃는 얼굴의 거짓말쟁이들

/

진실된 미소는 거짓말·실험에서 열한 번째로 자주 나타나는 거짓말 단서였다. 거짓말 실험에서는 122개(11.3%)의 진실된 미소를 발견할 수 있었다. 재미있는 점은 여성들이 거짓말을 할 때 진실된 미소를 보여준 사례가 92개(19.2%)나 되었으나, 남성들의 경우에는 30개(5%)밖에 되지 않았다는 것이다. 거짓말을 할 때에는 남성보다 여성이 훨씬 더 많은 웃음을 드러낸 셈이다.

인류 역사 초창기의 인간은 유목 생활을 하면서 낯선 상대를 만났을 때 맹수가 이빨을 드러내는 것처럼 위협적인 표정을 지었다. 그러다가 상대가 위협이 되지 않음을 확인하고 난 다음에야 입을 반쯤 벌린 상태로 위협적인 표정은 지우고 이를 살짝 드러내는 표정으로 바꿨다. 이 표정이 최초의 미소였을 것이다.

영장류의 미소는 크게 두 가지로 분류할 수 있다. 상대에게 복종을 표현하는 신뢰의 미소와 재미를 느낄 때 짓는 미소다. 우리는 다른 사람과 좋은 관계를 맺기 위해 미소를 짓기도 하며, 직장 상사에게 잘 보이고 싶어서 미소를 보이기도 한다. 다윈Charles Darwin의 지적처럼 인간은 다른 감정 상태를 숨기기 위해 웃음을 이용하기도 한다. 자신의 분노나 곤란함을 감추기 위해 미소를 짓는 사람들을 일상에서 쉽게 찾아볼 수 있고, 부끄러움이나 수줍음을 감추기 위해 미소를 짓는 경우와도 자주 마주치게 된다.

여성들이 거짓말을 할 때 미소를 짓는 이유도 이와 비슷하다. 첫 번째는 자신이 하는 말에 동의와 신뢰를 구하는 비언어적 표현이다. 두 번째는 실제 품고 있는 감정을 숨기기 위한 위장 표현이다. 세 번째는 거짓말을 함으로써 느끼는 쾌감의 표현이다. 실험이 끝나고 다수의 여성 참가자들은 거짓말을 해보니까 재미있다는 소감을 밝혔다. 거짓말은 나쁘다는 식의 학습에 의해 통제되었던 행동양식에서 잠시나마 벗어나는 해방감을 느꼈다고도 했다.

거짓말을 할 때 미소를 짓는 행동은 상대방의 팔짱을 풀게 만든다. '웃는 얼굴에 침 뱉으랴'라는 속담이 있다. 어른들은 자신의 경험을 통해 웃음이 사회생활에 도움이 된다는 것을 안다. 웃음의 효과는 매우 크다. 우리의 뇌에는 거울신경세포가 있다. 1990년대 초반 이탈리아 파르마대학의 자코모 리촐라티Giacomo Rizzolatti 교수와 그의 동료들이 발견한 거울신경세포는 다른 사람의 행동을 따라하게 만드는 역할을 수행한다. 누군가 거짓말을 할 때 미소를 짓는다면 거울신경세포의 작용에 의해 그 미소를 바라보는 사람 역시 미소를 짓게 되면서 합리적으로 의사결정을 하기가 힘들어진다. 그래서 미소에는 거짓말을 감추는 효과가 있다.

상대방이 자주 웃는다고 해서 의심할 필요는 없다. 다만 거짓말쟁이들은 미소가 사람의 마음을 움직이며 행동을 조종하게 만드는 강력한 힘이 있다는 사실을 잘 알고 있다. 사기꾼들은 결코 자신의 이마에 '내가 사기꾼입니다'라는 이름표를 달고 다니지 않는다. 오히려 그 반대로 호의와 신뢰를 불러일으키는 얼굴인 경우가 많다.

SIGNAL 13 모든 단서를 차단하는 무표정

/

우리는 보통 강화, 억제, 가장, 중화라는 네 가지 방법으로 얼굴 표정을 통제한다. 강화는 과장해 표현하는 경우다. 친구가 만들어준 음식이 실제로는 맛이 평범함에도 불구하고 예의상 호들갑스럽게 '정말 맛있다'고 칭찬하는 경우가 이에 해당된다. 억제는 자신의 감정을 표정에서 은근하게 드러내는 것을 말한다. 예를 들어 화가 많이 났지만 그러한 심리를 드러내지 않으려고 표정을 억누르려는 시도가 이에 해당한다. 가장은 다른 감정으로 대치하는 것을 가리킨다. 자신이 느끼는 분노나 슬픔 등의 감정을 미소로 바꿔 표현하는 것이다. 마지막으로 중화는 무표정에 해당된다. 자신의 감정 상태를 상대에게 드러내지 않기 위해 중립적인 표정을 짓는 것이다. 영화 〈007 카지노 로얄〉에서 배우 다니엘 크레이그가 연기하는 코드네임 007의 이른바 포커페이스가 좋은 예다.

거짓말 실험에서는 총 77개(7.1%)에서 '무표정 사례'를 발견할 수 있었다. 여기서 무표정이란 여느 때와는 다르게 얼굴에서 감정을 지우는 경우를 가리키며 이전부터 일관되게 평온한 표정을 지으며 거짓말을 하는 사례와는 구분한다. 무표정의 경우에는 여성들의 사례가 남성보다 압도적으로 많았다. 여성 참가자들의 거짓말 480개 가운데 무표정은 71개였으며, 남성은 6개밖에 되지 않았다. 비율로 따지면 거짓말을 할 때 나타나는 무표정은 여성의 경우 6위(14.8%)를 차지했으나, 남성은 40위

(1%)였다. 거짓말 실험에서는 20대부터 40대에 이르기까지 전 연령대에 걸쳐 참가자 여성들이 거짓말을 할 때 무표정을 자주 짓는 것으로 확인되었다. 다음은 여성들이 무표정을 보여주었던 당시 거짓말 사례들이다.

질문 불면증 있으시죠?
대답 (무표정) ⋯아니요.

질문 여행 좋아하세요?
대답 (무표정) 여행 좋아해요.

질문 주로 어떤 종류의 책을 읽으세요?
대답 (무표정) 음~, 소설?

거짓말 실험 결과에 따르면 한국의 남성들은 거짓말을 할 때 무표정이 거의 나타나지 않는 데 반해, 여성들의 거짓말 100개 가운데 14개는 무표정으로 진행되었다. 여성들이 거짓말을 할 때 남성보다 무표정을 자주 짓는 이유는 짧은 대답과 어느 정도 연관성이 있다. 무표정으로 거짓말을 한 여성들의 데이터를 분석했을 때, 71번의 거짓말 가운데 40개는 단답형이다. 정리하자면 여성들은 거짓말을 할 때 말을 적게 하며, 무표정을 짓는 경향이 있다. 여성의 거짓말 열 개 가운데 세 개는 짧은 대답이며, 짧은 대답으로 하는 거짓말 3회 가운데 1회 정도는 무표정으로 답했다. 즉 여성들의 거짓말 가운데 열에 하나에서는 짧은 대답과 무표정이 동시에 나타났다. 질문에 짧게 대답하면서 무표정을 짓는 여성이 반드시 거짓말을 한다고 생각할 수는 없겠지만 거짓말인지 아닌지를 생각해볼 필요는 있다.

SIGNAL 14 몸을 움직여 마음을 진정시키는 행동

/

25년 경력의 CIA 베테랑 요원이었던 필립 휴스턴Philip Houston은 인간이 불안감을 감소시키기 위해 고정점을 움직이는 행동을 하는 경향이 있다고 분석했다. 여기서 말하는 고정점이란 사람의 위치나 자세가 안정된 상태를 유지하도록 중심을 잡아주는 부분으로, 앉아 있는 경우에는 엉덩이, 등, 발이 고정점에 해당된다. 사람들은 거짓말을 하면서 불편함을 느끼거나 스트레스를 받는다. 미국 육군 정보국의 심문관 출신인 그레고리 하틀리Gregory Hartley는 인간이 거짓말을 할 때 고정점을 움직이는 행동을 가리켜 앞서 언급한 '순응행동'으로 설명한다. 거짓말을 할 때 무의식적으로 몸을 앞뒤로 움직이면서 고정점을 이동시키는 행동이 나오는데, 바로 이것이 대표적인 순응행동 가운데 하나다.

인간의 몸은 거짓말을 하면서 받는 스트레스에서 벗어나기를 원한다.

조 내버로Joe Navarro는 《FBI 행동의 심리학》에서 우리가 스트레스를 받거나 원치 않는 상황에 직면했을 때 우리의 몸은 그것으로부터 멀어지고자 하는 방식으로 위험에 반응한다고 언급했다. 거짓말 실험을 진행할 때 참가자들에게는 한 가지 통제되는 사항이 있었다. 바로 앉은 자세였다. 거짓말의 단서는 몸을 통해서도 표현되기 때문이다. 거짓말 실험에서 참가자들이 무의식적으로 몸을 앞뒤로 움직이는 행동을 보인 사례는 총 74개였으며 6.8%(14위)의 비율로 나타났다. 앉은 자세에서 몸을 앞뒤로 움직이는 행동은 초초함, 불안함을 해소하고자 하는 순응행동이다. '상대가 나의 거짓말을 눈치채면 어떻게 하지'라고 스스로를 단속하는 과정에서 무의식적으로 몸을 앞뒤로 움직이게 되는 것이다. 몸을 앞뒤로 움직이는 행동에도 남녀 간의 차이가 있었다. 남성은 60개(10%)의 동영상 기록에서 확인할 수 있었으나, 여성은 14개(2.9%)밖에 되지 않았다. 사기꾼 버나드 메이도프도 〈주식시장의 미래〉 원탁회의에서 거짓말을 할 때 입술에 자주 침을 바르는 한편 7회에 걸쳐 몸을 앞뒤로 움직였다.

몸으로 표현하는 거짓말의 또 다른 단서로는 몸을 뒤로 이동시키는 행동과 좌우로 움직이는 행동이 있었다. 몸을 뒤로 움직이는 행동은 거짓말 실험에서 36개(3.3%)가 나왔으며, 몸을 좌우로 움직이는 행동은 28개(2.6%)로 나타났다. 몸을 좌우로 움직이는 행동 또한 앞뒤로 움직이는 것과 같이 불안함을 해소하고자 하는 인간의 순응행동이다. 거짓말의 단서는 얼굴에만 나타나는 것이 아니다. 언어적 단서, 목소리 단서, 얼굴 표정의 단서뿐만 아니라 몸으로도 표현된다. 그래서 상대방을 관찰할 때에는 숲과 나무를 동시에 살펴야 한다.

SIGNAL 15 자신의 권위를 높이기 위해 올리는 아래턱

/

질문 지금으로부터 5년 후엔 무엇을 하고 계실 것 같나요?

대답 5년 후라. 쓰~, 예. 해보고 싶은 게 임대업. 임, 임대업. 그거 한 번 해보고 싶은데.

질문 가장 좋아하는 일과 가장 잘하는 일은 무엇인가요?

대답 좋아하는 일은… 음~, 좋아하는 일은 여행 잘하는 일? 잘하는 일… 잘하는 일은 집안 일.

첫 번째 사례는 30대 남성 참가자의 거짓말이며, 두 번째 사례는 30대 여성 참가자의 거짓말이다. 첫 번째 사례에서 남성 참가자는 임대업을 해보고 싶다고 했다. 남성은 말을 하기 전 손으로 이마를 만졌으며 그 후에 아래턱을 위로 올려 입술이 일그러지게 했고, 발화(쓰~)의 거짓말 단서도 보였다. 두 번째 사례에서 여성 참가자는 답변을 하면서 질문 일부 반복, 발화(음~)의 언어적, 목소리 거짓말 단서를 보였다. 그런데 말을 하기 전 아래턱을 위로 올렸으며, "좋아하는 일은"이라는 말을 하고 난 후에도 아래턱을 위로 올렸다. 아래턱을 위로 올리는 행동은 거짓말 실험에서 65회, 6% 비율로 나타났다 남녀 간 비교를 보자면 남성에게서는 46개(7.6%)가, 여성에게서는 19개(3.9%)가 나타나 남성에게서 두 배 정도 높게 나타났다. 거짓말을 할 때 아래턱을 위로 올리는 몸짓이 어떤 이유에서 비롯되는지는 명확하게 밝혀지지는 않았으나, 거짓말을 할 때 나타나는 주요한 행동이라는 것만은 분명하다. 거짓말을 할 때가 아니라도 스트레스를 받고 있을 때, 상대의 의견에 대한 비판적인 생각이 들 때, 의심을 할 때에도 아래턱이 들리는 모습이 자주 나타난다. 턱을 올리는 행동은 상대방을 내려다보는 배타적인 몸짓이다. 자신의 유리한 입장을 과시하며 상대방에게 확신을 전하기 위한 표현이거나 또는 반대로 무의식적인 불안감을 숨기기 위한 속임수일 수도 있다.

SIGNAL 16 **거짓말의 목소리는 높다**

/

'신언서판'이라는 성어처럼 우리가 타인에 대해 판단할 때 고려하는 요소들 가운데 '어떻게 말하는지'는 매우 큰 비중을 차지한다. 여기서 이야기하는 '말'이란 단순히 언변에 그치지 않고 목소리의 높낮이 및 크기, 말의 빠르기와 리듬, 침묵 시간 등 여러 단서들을 종합한 것이다.

토니야 레인맨Tonya Reiman은《왜 그녀는 다리를 꼬았을까》에서 목소리란 개인마다 각기 다른 특징을 가지고 있기 때문에 그 안에서 의미를 읽기가 쉽지 않다고 지적한다. 그의 말처럼 목소리란 말하는 사람의 성격, 성향, 성별, 직업, 거주 지역, 고향 등 수많은 요인에 따라 저마다의 개성을 가지고 있기 마련이다. 또한 같은 사람이 뱉어내는 한 문장 안에서도 목소리는 수시로 바뀐다. 어떤 단어에서는 커졌다가 어떤 부분에서는 작아지기도 하고, 어떤 대목에서는 목소리가 빨라지기도 하며, 목소리의 톤 자체가 한 마디 안에서도 다양하게 변한다. 그 안에서 진실과 거짓의 단서를 찾는다는 것은 쉬운 일이 아니다.

그럼에도 거짓말을 구분하기 위해서는 상대방의 목소리에 대해 유심히 귀를 기울일 필요가 있다. 거짓말쟁이들은 자신이 미처 통제하지 못한 목소리의 미묘한 변화에서 삐끗하며 거짓말의 단서를 드러내기도 하기 때문이다. 대표적으로 거짓말을 할 때에는 다른 일상적인 대화에서보다 목소리 톤이 미묘하게 올라가는 특징이 있다. 토니야 레인맨은 우리가 스트레스를 받거나 긴장하는 경우 목소리 톤이 올라간다고 밝혔다. 거짓말을 하다 보면 의도적으로나 무의식적으로 말을 강조하기 마련이다. 그럴 경우 목소리 톤이 올라간다.

거짓말 실험에서는 42개(3.9%)의 거짓말 사례에서 목소리 톤이 올라가는 것을 확인할 수 있었다. 목소리 톤에서도 남녀 차이가 나타났다. 남성의 목소리 톤이 올라가는 거짓말은 10개(1.7%)였으나 여성은 32개

(6.7%)로 여성의 비율이 네 배 정도 높았다.

관찰은 눈으로만 하는 것이 아니다. 귀를 통해서도 할 수 있다. 우리의 귀는 항상 열려 있기 때문에 순간적으로 어떤 소리가 발생하면 자동적으로 귀를 기울인다. 길을 걸으면서도 뒤에서 자동차가 다가온다는 것을 알 수 있다. 귀를 통해 소리 정보가 전달되기 때문이다. 우리의 귀는 아주 작은 소리에도 민감하게 반응한다. 로렌스 로젠블룸Lawrence Rosenblum은《오감 프레임》에서 어린 시절에 시력을 잃은 사람은 뇌의 시각 영역이 청각, 촉각 영역에서 재편된다고 말했다. 성인이 되어 시력을 잃은 사람도 마찬가지다. 소리에 대한 민감도를 높이는 연습을 한다면 한국인들이 거짓말을 할 때 나타나는 소리 단서 또한 얼마든지 찾을 수 있다. 길을 걸으면서 듣는 데에도 집중하는 훈련을 지속적으로 한다면 스마트폰으로 소리를 들으면서도 왼쪽 귀로 들리는 소리와 오른쪽 귀로 들리는 소리가 미묘하게 다르다는 것을 알게 된다. 대부분의 사람들이 발화 단서와는 다르게 목소리 톤이 올라가는 단서에 대해서는 쉽게 알아차리는 편이기도 하다.

SIGNAL 17 가장 전형적인 거짓말 단서, 말실수

/

거짓말할 때 자주 나타나는 네 번째 언어 패턴인 말실수는 우리가 거짓말을 하는 사람의 모습을 상상할 때 가장 먼저 떠올리는 단서다. 실제 거짓말 단서 가운데에서는 얼마나 큰 비중을 차지하는지 실험을 통해 조사해보니 총 48개의 사례에서 말실수를 찾을 수 있었다. 사례 가운데 34개(5.6%)는 남성에게서, 14개(2.9%)는 여성에게서 나타났다.

말실수는 우리나라뿐만 아니라 전 세계에서 공통적으로 나타나는 거짓말 언어 패턴이다. 거짓말에서 말실수의 발생 비율이 높지는 않지만, 거짓말을 할 때에는 반드시 한 번쯤은 나타나는 언어 패턴이기도 하다. 말실수는 거짓말을 할 때 인지부하로 인해 나타난다.

말실수가 남성에게서 보다 많이 발생하는 이유는 거짓말을 할 때 남성이 여성보다 말을 더 많이 하기 때문이다. 프로이트 Sigmund Freud 는 말실수를 두고 '억눌려져야 할 생각이 입 밖으로 표출됨으로써 난처한 지경에 이르는 것'이라고 해석했다. 거짓말을 할 때 말실수로 나타난 단서들은 대부분 굳이 하지 않아도 되는 말들이었다. 거짓말 실험에서 참가자들은 '익숙함의 소중함'이라고 말해야 할 것을 '익숙함의 소화'로 말했으며, '만족스러운 생활'을 '만족스러운 생각'으로 말했다. 말실수는 남녀노소를 불문하고 모든 대상에게서 폭넓게 나타난다. 예를 들어 30대 남성 참가자는 거짓말을 할 때 다음과 같이 말실수를 했다. '미련'이라는 말을 하기 전 '미래'라는 말을 먼저 한 것이다.

질문 만약 다시 현재로 돌아올 수는 없지만 과거로 갈 수 있는 능력이 있습니다. 그렇다면 과거로 가시겠습니까?

대답 네, 갈 거 같아요. 현재, 지금… 미래, 미련이 없거든요.

말은 한 번 내뱉으면 다시 주워 담을 수 없다. 말실수도 마찬가지다. 근래 말실수를 해서 곤욕을 치르는 사람들을 자주 보게 된다. 정치인부터 시작해, 연예인, 뉴스 앵커, 공무원에 이르기까지 수많은 사람들이 말실수를 한다. 언제 내뱉었는지도 모르는 오래전의 사소한 말실수 하나로 인해 앞으로의 인생이 바뀌는 사람들도 있다. 특히 대중을 상대로 하는 사람들은 말실수를 더 조심해야 한다. 아주 오래전에 인터넷 귀퉁이에다가 끼적인 정제되지 않은 말 때문에 평생의 진심을 재단 당하면서 재기할 수 없을 정도로 추락하는 경우를, 우리는 너무 많이 봐왔다. 상대방이 거짓말을 한다는 의심이 들 때 돌발적인 질문을 던져 말이 어떻게 꼬이면서 실수가 나오는지를 살펴보는 것도 거짓말을 간파하는 하나의 방법이 될 수 있다. 그러나 설령 말이 헛 나왔다고 해서 그것이 그 사람이 숨겨온 진심이라고 단정할 필요는 없다. 그 사람이 가진 수많은 모습 가운데 하나만을 엿봤을 뿐이기 때문이다.

SIGNAL 18 거짓말은 침괴 함께 넘어간다

/

침은 음식을 부드럽게 하고, 입안을 습하고 매끄럽게 한다. 우리는 맛

있는 음식을 상상하거나 봤을 때, 냄새를 맡았을 때, 긴장을 할 때 침을 삼킨다. 침을 삼키는 행동은 자율신경반응이다. 인간의 신체는 의식적으로나 무의식적으로 움직이는데, 침 삼키기는 대부분 무의식적으로 발생난다. 거짓말 실험에서는 총 56개 영상(5.2%)에서 발견되었다. 침 삼키기도 남녀 간에 뚜렷한 차이가 있었다. 남성에게서는 49개(8.1%)의 사례를 찾았으나, 여성은 7개(1.5%)밖에 나오지 않아 남성이 여성보다 5.4배 높았다.

거짓말을 할 때 남성의 침을 삼키는 행동이 여성보다 훨씬 많이 관찰된 이유는 남성이 거짓말을 할 때 침을 자주 삼키거나 반대로 여성들이 침을 덜 삼켜서라기보다는 울대뼈로 목에 돌출된 부분이 잘 보이는 남성들의 신체적인 특징 때문이다. 그래서 침을 삼키는 횟수가 여성보다 더 자주, 그리고 확실하게 관찰될 뿐이다.

SIGNAL 19 고개를 끄덕여 상대방을 조종한다

/

고개를 끄덕이는 행위는 상대방에게 긍정을 표현하는 대표적인 몸짓이다. 그러나 '고개 끄덕임'이 설득의 방법 가운데 하나이기도 한다는 사실을 아는 사람은 그리 많지 않을 것이다. 사람들은 진실을 말할 때에도 고개를 끄덕이지만, 거짓말을 하면서도 무의식적으로 고개를 끄덕인다.

거짓말을 할 때 고개를 끄덕이는 것은 자신이 하는 거짓말이 진실인 것처럼 합리화하고자 하는 데에서 비롯된 행동이다. 또한 고개 끄덕임은 상대에게 호의적인 반응을 유도하고자 하는 시도이기도 하다. 고개를 끄덕이는 상대방과 마주하다보면 자신도 모르게 고개를 끄덕이는 행동을 따라하게 된다. 그리고 인간은 마음이 행동을 결정하듯 행동이 심리를 좌우하기도 한다. 상대방의 주장을 들으며 고개를 끄덕이다보면 서서히 그 주장에 호의를 품게 된다. 그래서 거짓말을 능숙하게 하는 사람들은 상대의 고개 끄덕임을 유도하기 위해 거짓말을 하면서도 자신의 고개를 수시로 끄덕인다.

거짓말 실험에서 고개 끄덕임을 6회 이상 반복적으로 했던 사례는 48개(4.4%)로 수집되었다. 그 가운데 남성의 고개 끄덕임이 여성보다 약 세 배 높은 비율로 나타났다. 남성 참가자의 거짓말 603개 가운데 39개(6.5%)의 영상에서 6회 이상 고개를 끄덕이는 현상이 관찰되었으나, 여성의 경우에는 9개(1.9%)밖에 나타나지 않았다.

고개를 끄덕이는 행동은 '당신의 말에 동의합니다'라는 의미를 전달하기도 하지만, '당신이 하는 말을 잘 듣고 있습니다'라는 경청의 의미를 전달하기도 한다. 강의를 하거나 상담을 하다 보면 고개를 끄덕이는 사람과 끄덕이지 않는 사람 모두를 자주 본다. 고개를 잘 끄덕이는 사람일수록 상대의 말을 잘 믿는 경향이 강하다. 이와는 별개로 공감을 유도하면서 상대방의 고개 끄덕임을 조종하는 사람들은 조심할 필요가 있다.

SIGNAL 20 한국인은 거짓말할 때 코를 만지지 않는다

/

미국 역사상 최초로 현직 대통령이 자신의 형사적 혐의에 대해 연방 대배심에 증언하는 사건이 발생했다. 1998년 빌 클린턴 전 미국 대통령은 백악관 인턴 모니카 르윈스키와의 성추문에 관해 증언을 할 때 매우 유명한 말을 남겼다. "나는 그 여성과 성관계를 갖지 않았다." 하지만 르윈스키는 부적절한 관계가 있었음을 주장했고, 클린턴의 해명이 거짓말이었음을 밝혔다. 당시 대배심 증언 장면 영상을 분석해보면 클린턴은 아홉 차례에 걸쳐 손으로 코를 만지거나 입을 막는 등의 거짓말 신호를 흘렸다. 이 사건을 계기로 손으로 코를 만지는 행동은 거짓말을 할 때 나타나는 대표적인 신호라는 주장이 상식처럼 널리 퍼지게 되었다.

'피노키오 효과'라는 것이 있다. 우리의 눈으로 확인할 수는 없지만, 거짓말을 하는 사람은 코와 눈 주변 근육의 온도가 상승한다. 스페인 그라나다대학 실험 심리학과 연구팀이 밝혀낸 사실이다. 거짓말을 하면 카테콜아민Catecholamine이라는 화학물질이 분비되면서 코 속의 모세혈관이 팽창되고 혈압 또한 상승한다. 모세혈관의 팽창으로 코 조직도 팽창하게 되면서 간지러움을 느끼는데, 그 순간 자신도 모르게 손으로 코를 만지게 되는 것이다.

그렇다면 한국인들도 거짓말을 할 때 손으로 코를 만지는 행동을 자주할까? 거짓말 실험을 해보니 재미있는 결과가 나왔다. 총 1,083개의 거짓말 가운데 손으로 코를 만지는 사례는 단 여덟 개밖에 되지 않았다. 순위를 매겨보니 '머리카락 뒤로 넘기기'와 함께 공동 48위였다. 거짓말을 할 때 손으로 머리카락을 귀 뒤로 넘기는 몸짓은 거의 여성에게서만 나타나는 거짓말 단서다. 거짓말 실험에서 여덟 개의 사례면 0.7%로 통계적으로 의미를 찾기 힘들 만큼 매우 낮은 수치다. 거짓말 실험 결과에 따르면 한국인들은 거짓말을 할 때 코를 만지는 행동을 거의 하지 않는다.

대화 도중에 손으로 코를 만지는 이유는 다양하다. 감기나 비염에 걸렸거나 또는 그러한 병에 자주 걸리는 사람들은 말을 하면서 습관처럼 코를 만지기도 한다. 세간에 퍼진 이야기를 믿고 코를 만지는 행동 하나만으로 거짓말을 하고 있다고 섣부르게 판단할 필요는 없다. 코 만지기 외에도 거짓말을 할 때 신체 일부를 만지작거리는 행동으로는 '목 만지기'가 4회 있었으며, '목 긁기' 3회, '귀 만지기' 3회, '뺨 긁기' 2회, '이마 만지기', '눈썹 만지기'가 각각 1회씩 있었다. 모두 의미를 부여하기 힘들 만큼 매우 낮은 수치였다.

SIGNAL 21 침묵은 거짓말이다

/

말을 잘하는 능력은 사회생활에서 중요한 덕목이지만 때로는 달변보다 말을 삼키는 것이 대화에서 더 효과적인 선택이 되는 상황도 있다. '침묵은 금이다'라는 격언은 거짓말을 할 때에도 적용된다. 침묵은 거짓말을 하기 전 인지부하가 발생하면서 나타나는 현상이지만, 치밀한 거짓말쟁이는 의도적으로 침묵을 조절한다. 침묵은 때때로 대화에서 상대방에게 판단을 떠넘기는 역할을 수행한다.

거짓말 실험 결과를 분석하면서 이러한 침묵을 세 가지로 분류했다. 첫 번째는 '늦은 응답 시간'이다. 대부분의 사람들은 질문을 듣고 난 후 대답을 하기까지 일정한 시간을 필요로 한다. 질문의 난이도에 따라 차이가 있겠지만, 자연스럽게 대답하는 적절한 시간이 있다. 이 패턴을 벗어나는 경우가 있다.

두 번째는 '빠른 응답 시간'이다. 질문을 했는데 상대방이 생각도 하지 않고 말하는 것은 아닐까 의심이 들 정도로 빨리 대답을 하는 경우가 있다. 상당수는 상대가 무슨 질문을 할지 짐작한 다음 대답을 미리 준비해둔 경우다. 빠른 응답시간을 보여준 사례는 네 개로 약 0.4%에 불과했다.

세 번째는 '갑작스러운 말의 중단'이다. 말을 하다가 갑자기 멈추는 경우가 있다. 대화를 하면서 말의 멈춤과 끊김이 자주 발생했던 경험이 있을 것이다. 사람들은 자신만의 고유한 침묵시간을 가지고 있다. 그런데 그 침묵시간이 예외적으로 길어지는 경우도 있다. 이것이 여기에서 이야기하는 침묵시간이다.

거짓말 실험에서 거짓말을 할 때 침묵시간이 길어지는 사례는 25개(2.3%)였다. 여성 13개, 남성 12개로 남녀 간에 큰 차이는 없었다. '빠른 응답 시간'은 4개였으나, '늦은 응답 시간'은 38개나 되었다. 거짓말을 꾸며낼 때 가장 필요한 것 가운데 하나가 시간이다. 사실이나 진실은 뇌 속에 저장된 기억을 꺼내오기만 하면 된다. 그런데 거짓말을 하려면 한 단계를 더 거쳐야 한다. 머릿속에서 새로운 인물이나 환경, 스토리를 만들어내는 창조 작업이다. 그러다보니 시간이 필요하다. 또 창조 작업에는 인지부하가 발생한다. 한 사람이 처리할 수 있는 정보의 양은 한정되어 있는데 그보다 많은 정보가 입력되는 경우가 있다. 쉽게 이야기하자면 문제를 해결할 때 생각해야 할 정보의 양이 많아서 머리가 복잡해지는 상태다. 거짓말에 능숙하지 않은 대부분의 사람들은 거짓말을 하기 위해 생각을 정리하는 에너지와 시간을 필요로 한다.

'늦은 응답 시간'에서 주목해야 할 점이 있었다. 38개의 거짓말 사례 가운데 30개(5%)는 남성에게서 나타났으며, 8개는 여성(1.7%)에게서 나타났다. 전체 거짓말에서 차지하는 비율은 3.5%였다. 남성이 거짓말을 할 때 상대적으로 더 많은 시간을 필요로 하는 까닭은 명확하게 분석되어 있지 않다. 다만 몇 가지를 추정해볼 수는 있다.

우리의 머릿속에는 좌뇌와 우뇌를 연결하는 뇌량이 존재한다. 뇌량이란 좌뇌와 우뇌의 정보가 서로 이동하는 통신 케이블 역할을 담당하는 신경섬유다발인데 그 수가 약 2억 개 이상이라고 한다. 뇌량을 통해 좌뇌와 우뇌가 시각 정보, 청각 정보, 언어 정보를 주고받는 것이다. 인지신경과학이라는 분야를 개척한 세계적인 뇌과학자이자 심리학자인 마이클가자니가_{Michael Gazzaniga}의 말에 따르면 뇌량의 기능 가운데 하나는 시야가 정중선에 걸쳐 있을 수 있도록 세포를 연결하는 것이다. 왼쪽 눈을 통해 들어오는 시각 정보와 오른쪽 눈을 통해 들어오는 시각 정보를 하나의 이미지로 연결된 것처럼 보이게 하는 것이다. 그런데 통상적으로 여성의 뇌량이 남성의 뇌량보다 두껍다고 알려져 있다. 뇌량이 두꺼울수록 좌뇌와 우뇌의 정보 교환이 빨라진다. 이런 이유에서 거짓말을 할 때 여성의 응답 시간이 상대적으로 빠른 것이 아닐까 추정한다.

SIGNAL 22 거짓말은 앞과 뒤가 다르다

/

모순이란 말이나 행동의 앞뒤가 서로 일치하지 않는 경우를 가리킨다. 거짓말 실험에서는 총 11개의 거짓말에서 언어적 모순을 발견할 수 있었다. 남성은 6회, 여성은 5회였다. 실험에서는 모순 사례의 수가 의미 있는 통계 수치로 여길 만큼 수집되지는 못했다. 그러나 카메라를 의식하며 조리 있게 말하기 위해 노력하는 거짓말 실험에서와 다르게 일상에서 실제로 대화를 하면서 상대방의 말에 귀를 기울여보면 훨씬 많은 모순을 찾을 수 있을 것이다.

사람은 누구나 실수를 한다. 거짓말쟁이도 마찬가지다. 거짓말쟁이는 거짓말을 할 때 새로운 인물이나 시간, 장소, 사건을 창조해 이야기를 만들어내야 한다. 사람들은 극적인 사연을 좋아한다. 그러한 이야기가 사람들의 기억 속에 오래 남기도 한다. 거짓말쟁이들 또한 거짓말을 할 때 이야기를 곁들이며 설득을 시도하기도 한다. 그러나 한 편의 소설을 쓰는 것과 같은 공을 들이지 않는 이상 이러한 이야기에는 어딘가 앞뒤가 맞지 않거나 흐름이 어긋나는 부분이 존재하기 마련이다. 많은 말을 쏟아내면 쏟아낼수록 말의 흐름에서 일관성이 사라지는 실수가 발생하기 쉽다. 그러한 실수가 바로 모순이다. 거짓말에 속지 않기 위해서는 전달받는 정보의 사실 여부뿐만 아니라 상대방이 건네는 말의 흐름에 대해서도 기억해둬야 한다.

SIGNAL 23 흔들리는 눈은 입보다 많은 말을 한다

/

방송인 유재석은 "눈은 입보다 많은 말을 한다"고 했다. 눈의 표정은 상당히 풍부하다. 그래서 연기자들은 눈빛 연기가 매우 중요하다는 사실을 알고 있다. 거짓말 실험 결과에서도 거짓말을 할 때 가장 많이 나타나는 단서 가운데 하나가 '눈동자 좌우 이동'이었다. 눈동자가 이동하는 현상은 누구나 쉽게 구분할 수 있을 것이다. 하지만 눈동자의 흔들림은 눈동자의 좌우 이동과 조금 다른 형태로 나타난다. 첫 번째 특징은 아주 짧은 시간 안에 스쳐 지나간다는 것이다. 눈동자 흔들림은 보통 1초 안에 나타났다 사라진다. 두 번째 특징은 흔들림, 즉 눈동자가 좌우로 움직이는 거리가 매우 짧다는 것이다. 상대의 눈을 주의 깊게 들여다보지 않으면 안 될 정도로 짧은 시간에 눈동자가 흔들린다. 그래서 '눈동자 흔들림'은 포착하기가 어렵다.

거짓말을 하는 사람들 가운데 몇몇은 자신의 거짓말에 대해 확신을 가지지 못해 눈동자가 흔들린다. 어느 20대 여성 대학생을 만나 이야기를 나눴을 때의 일이다. 지금 행복한지, 만약 행복하다면 10점 만점에서 몇 점에 해당되는지 알려 달라고 질문을 했었다. 이에 그 학생은 자신은 행복하며 행복도를 점수로 환산하자면 9점이라고 답했다. 그런데 그 말을 할 때 눈동자가 흔들렸다. 그래서 정말 9점이 맞는지 다시 물어봤다. 거듭해서 자신이 행복한지에 대한 질문을 받은 학생은 돌연 울먹이기 시작했다. 그는 거짓말을 했지만 상대방에게 피해를 주려는 목적에서 행한 것이 아니었다. 다만 그가 스스로를 속이는 모습이, 그리고 그러한 자기기만을 알면서도 빠져나오지 못하는 모습이 안타까울 뿐이었다.

거짓말 실험에서 눈동자가 흔들리는 모습은 1,083개의 거짓말 가운데 29개(2.7%)의 사례에서 나타났다. 여성은 15개(3.1%), 남성은 14개(2.3%)로 큰 차이는 없었다.

한국인들, 특히 남성들은 눈 맞춤에 익숙하지 않다. 그래서 눈이 전하는 메시지를 놓칠 때가 많다. 그러다보니 거짓말에도 잘 속게 된다. 상대가 말을 할 때에는 상대방이 부담감을 느끼지 않는 정도에서 상대의 눈

을 바라봐야 한다. 그래야 상대가 진실을 말하는지 거짓을 말하는지 알
수 있다.

SIGNAL 24 가시방석에 앉은 것처럼 흔들리는 의자

/

'가시방석에 앉은 것 같다'는 속담이 있다. 불안하고 불편한 자리를 일
컫는 비유다. 인간은 심리적으로 압박감을 느끼면 앉은 자리에서 몸을
자주 뒤척이게 된다. 마찬가지로 거짓말을 할 때에는 의자에 앉은 채로
의자를 회전시키는 모습을 보일 수 있다. 앉은 자리에서 몸을 앞뒤 혹은
좌우로 움직이는 행동은 초조함이나 불편함을 해소하기 위해서다. 거짓
말을 할 때에는 스스로를 다스리기 마련이지만, 회전의자나 흔들의자 등
사용자의 미세한 움직임에도 예민하게 흔들리는 자리에 앉았을 때에는
고정된 의자에 앉았을 때보다 자신도 모르는 새 신체를 통제하는 데 허
술해지기 쉽다.

거짓말 실험에서 한 가지 아쉬운 점이 있다면 실험을 계획할 때 참가
자가 앉은 자리, 즉 의자의 변화는 대상으로 고려하지 않은 것이다. 그래
서 실험을 진행할 때 어떤 참가자는 고정된 의자에 앉기도 하고 어떤
참가자는 몸을 좌우로 움직일 수 있는 회전의자에 앉게 하는 등 의자를
통일시키지 않았다. 그런데 거짓말 실험 영상을 분석하면서 미처 생각하

지 못했던 현상, 즉 참가자들이 거짓말을 할 때 의자를 움직여 몸을 조금이라도 회전시키는 사례가 많았음을 발견했다.

거짓말 실험에서 총 1,083개의 거짓말 사례 가운데 163개는 참가자가 회전의자나 흔들의자 등 조금만 움직여도 쉽게 흔들리는 의자에 앉은 채 진행된 실험에서 나온 사례들이다. 그리고 163개의 실험 영상 가운데 참가자들이 거짓말을 할 때 의자를 움직여 몸을 회전시키는 행동이 나타난 사례는 47개(28.8%)였다. 흔들림은 미세하게 의자를 흔드는 몸짓부터 눈에 띄게 몸을 회전시키는 행동까지 매우 다양했다. 아쉽게도 제한된 수집 사례에 의한 통계이기는 하지만 28.8%는 예상치 못했던 높은 비율이다. 대략 거짓말 열 번 가운데 세 번에서 의자를 회전시키는 행동이 나타난 셈이었다.

거짓말을 할 때 의자가 흔들린다는 지적은 지금까지 수집했던 거짓말에 대해 연구한 결과를 담은 자료들에서 단 하나도 찾아볼 수 없었다. 미국이나 독일, 영국 등 세계 여러 국가에서 출간된 거짓말 전문가들의 책이나 논문에서도 사람들이 거짓말을 할 때 의자를 흔드는 행위에 대해 주목한 언급은 한 번도 접하지 못했다. 거짓말을 하는 사람의 육체가 아닌 사물을 통해서도 거짓말의 단서가 드러난다는 사실은 거짓말 실험을 통해 처음 알게 되었다.

조금만 생각해보면 당연한 현상이다. 거짓말의 단서가 거짓말을 하는 사람의 얼굴이나 목소리, 손짓, 몸과 다리의 움직임을 통해 나타난다면 의자와 같이 거짓말을 하는 사람의 신체와 접해 있는 물건을 통해서도 단서는 얼마든지 드러날 수 있는 것이다.

SIGNAL 25 어떤 거짓말은 어떤 징조도 보이지 않는다

/

거짓말 실험에서 수치상으로는 가장 적지만 매우 귀중한 사례가 있다. 바로 수십 회를 돌려보며 분석해도 거짓말의 단서를 단 하나도 찾지 못했던 경우다. 총 1,083개의 거짓말 실험 영상 가운데 거짓말의 단서가 하나도 드러나지 않은 사례는 다섯 개로, 비율로는 0.5%였다. 세 개는 남성 참가자였으며, 두 개는 여성 참가자였다. 거짓말의 단서가 나타나지 않는 여성들은 모두 4단어 이하의 짧은 대답으로 답했으며, 그 외에는 특별한 점을 찾을 수가 없었다. 스스로를 과신하는 것은 아니지만 지난 9년간 수만 시간을 투자해 사람들의 표정과 자세, 목소리 등의 비언어와 언어를 분석하는 내공을 쌓았음에도, 거짓말 200개 가운데 하나는 거짓말의 단서를 눈에 불을 켜고 들여다봐도 찾을 수 없었던 셈이다.

이처럼 거짓말의 단서가 전혀 드러나지 않는 거짓말도 있다. 거짓말 전문가들이 오랜 시간 분석해도 확신을 내릴 수 없을 정도로 거짓말의 단서를 완벽하게 지우거나, 그간의 거짓말과 관련된 연구 자료를 역으로 이용해 분석에 혼란을 주는 경우도 있다. 거짓말을 직업으로 삼고 있는 생계형 거짓말쟁이들은 상대를 속이기 위해 거의 완벽에 가깝게 연습하고 또 연습한다. 이렇게 혹독한 연습을 거친 거짓말쟁이들은 거짓말을 할 때 초조함, 통제, 인지부하의 단서도 나타나지 않을 뿐더러 거짓말이 퍽 자연스러워 보인다.

이라크 전쟁은 한 소녀의 거짓 눈물로 인해 발생했다는 이야기가 있다. 1990년 미국 연방 하원 공청회에 한 소녀가 등장했다. 그는 공청회에서 당시 진행 중이었던 이라크와 쿠웨이트 간의 전쟁에서 이라크 군이 벌인 만행을 고발했다. 소녀는 이라크 군이 민간 병원에 난입해 인큐베이터에서 자고 있는 아기들을 바닥에 던져 죽였다고 전하면서 눈물까지 흘렸다. 소녀의 생생한 증언으로 미국에서는 이라크 전쟁 참전에 대한 여론이 들끓었고, 그 때문만은 아니겠지만 곧 걸프전쟁이 발발했다. 미국, 영국, 프랑스 등 30개가 넘는 국가에서 60만 명이 넘는 군인들이 전쟁에 동원되었다. 그런데 전쟁이 끝나고 충격적인 사실이 하나 밝혀지게 된다. 눈물을 흘리며 이라크 군의 만행을 고발한 소녀의 증언은 새빨간 거짓말이었다. 쿠웨이트 정부가 미국의 개입을 이끌어내기 위해 쿠웨이트 대사의 딸인 나이라흐Nayirah에게 거짓 증언을 종용했던 것이다. 나이라흐는 공청회에 참석하기 전에 거짓말을 철저하게 연습했다.

이와 비슷한 사례는 한국에서도 있었다. 한 남성이 여중생을 성폭행했다는 혐의로 재판을 받았다. 법정에서 그는 눈물을 흘리며 호소한 끝에 무죄를 선고받았지만 훗날 DNA 단서가 발견되면서 다시 구속되었다. 거짓 눈물을 흘리면서 거짓말을 하는 사람들에게서는 단서를 찾기가 어렵다. 눈물은 동정심을 유발하기 때문에 바라보는 사람들이 합리적으로 생각하는 것을 방해한다. 눈물은 슬픔과 연관된 감정이다. 외부의 도움을 필요로 하는 여성과 어린이들에게서 자주 볼 수 있기도 하다. 대니얼 맥닐Daniel McNeill의 연구에 따르면 한 달 동안 남성은 1.4회 우는 데 비해, 여성은 5.3회 운다. 그러나 능숙한 거짓말쟁이들은 남녀를 가리지 않고 자신의 감정을 조절해 눈물을 쉽게 보일 줄 안다. 어떠한 이유에서든 공적인 자리에서, 또는 엄밀한 판단이 요구되는 자리에서 전혀 의심스럽지 않은 모습으로 눈물을 흘리는 사람은 오히려 의심해볼 필요가 있다.

지금까지 거짓말 실험 결과를 바탕으로 한국인이 거짓말을 할 때 나타나는 25가지 단서에 대해 알아보았다. 거짓말의 단서는 거짓말을 하는 사람이 거짓말을 들키지 않기 위해 의도적으로 신체를 통제하는 과정에서 오히려 선명하게 드러나기도 하고, 인지부하와 같이 통제하지 못하는 반응으로 스쳐 지나가는 경우도 있으며, 감정 반응을 통해 나타나기도 한다. 참가자들이 보여준 거짓말의 단서들 가운데에서는 한국인들에게서만 주로 찾을 수 있는 고유의 신호도 있었고, 전 세계적으로 나타나는 보편적인 거짓말의 신호들도 있었다.

다시 강조하지만 거짓말을 분석할 때 가장 중요한 점은 아무리 언어 또는 비언어적으로 결정적인 신호를 발견했다고 하더라도 결코 한두 개의 단서만으로 상대방이 거짓말을 하고 있다고 단정을 지어서는 안 된다는 것이다. 지금까지 제시된 25가지 사례 가운데에서 여러 가지 신호가 겹쳐서 나타날수록 상대방이 거짓말을 하고 있다고 의심할 만한 확률이 높아진다고 생각해야 한다.

또한 어떤 거짓말은 어떠한 단서도 남기지 않는다는 것에 대해서도 깊게 생각해볼 필요가 있다. 반사회적인격장애자나 리플리 증후군을 가진 사람들에게서는 감정 반응이 나타나지 않을 수도 있고, 거짓말에 대해 전문가적인 지식을 보유한 사람은 오히려 이러한 거짓말에 대한 지식들을 역으로 이용할 수도 있다. 섣부르게 결론을 내리지 않되 합리적이고 비판적으로 사고하며 경계를 늦추지 말 것. 어찌 보면 식상한 이야기일 수도 있지만 그것이 거짓말쟁이들을 대하는 가장 효과적인 태도다. 다만 책에서 제시하는 25가지 사례가 상대방의 거짓말을 관찰하며 합리적으로 판단하는 데 활용할 체크 리스트(201쪽 참조)로서 도움이 되기를 바란다.

한국인의 거짓말
실제 사례 분석

지금까지 언어적 신호, 목소리 신호, 몸짓 신호까지 세 가지로 분류되는 25가지 거짓말 단서에 대해 알아보았다. 25가지에는 넣지 않았지만 이외에도 거짓말을 할 때 나타나는 단서로는 머리 기울이기(62회, 5.7%), 머리 좌우로 움직이기(33회, 3%), 비정상적인 입술 움직임(20회, 1.8%), 숨 크게 들이마시고 내쉬기(18회, 1.7%), 콧구멍 크기의 변화(8회, 0.7%), 머리카락 뒤로 넘기기(8회, 0.7%), 얼굴색 변화(3회, 0.3%) 등이 있었다.

대부분의 사람들은 거짓말을 할 때 세 가지 이상의 복합적인 단서를 드러낸다. 거짓말의 단서가 가장 잘 드러나는 곳은 얼굴이다. 우리의 얼굴은 뇌와 가장 가까이 위치해 있다. 얼굴움직임부호화시스템(FACS)을 통해 밝혀진 사실에 따르면, 우리는 43가지 근육을 통해 약 만 가지가 넘는 표정을 지을 수 있다. 물론 비언어 의사소통 전문가인 폴 에크먼Paul Ekman은 만 가지의 표정이 전부 의미를 가지고 있지는 않다고 말한다. 굳이 별다른 해석을 하지 않아도 되는 표정도 있다는 것이다. 오히려 아무런 표정도 드러나지 않는 무표정이 어떤 중요한 의미를 보여주기도 한다. 거짓말쟁이들은 이와 같은 무표정을 자신의 감정을 다스리기 위한 방어 전략 가운데 하나로, 또는 역으로 감정을 드러내는 표현수단으로도 이용한다. 지금부터는 이처럼 거짓말을 하는 사람들에 대한 실제 사례를 바탕으로, 거짓말이 드러나는 신호들에 대해 보다 구체적으로 분석해 보고자 한다.

거짓말에도 레벨이 있다

/

거짓말 실험에서 수집한 거짓말 사례 1,083개를 분석하면서 어떤 거짓말은 쉽게 알아차릴 수 있었던 반면, 어떤 거짓말은 느리게 재생하는 영상으로도 잡아내기가 쉽지 않았다. 거짓말에도 난이도가 있다. 실험에서 50명의 참가자들에게 2,000회 이상의 질문을 했다. 질문의 종류는 참가자가 쉽게 대답할 수 있는 것, 잠시 생각해야 하는 것, 대답하기 어려운 것 등 다양하게 설정했다. 쉽게 대답할 수 있는 질문지로는 가족관계, 고향, 취미, 여행 등을 묻는 것이 있었으며, 잠시 생각해서 답변해야 하는 질문으로는 어린 시절의 기억이나 소중하게 생각하는 것 등이 있었다. 답변하기 어려운 질문으로는 삶에 대한 가치관이나 철학, 특정 사건에 대한 의견 같은 것들을 준비했다. 그렇게 거짓말 실험을 진행한 다음 그 결과를 정리해보니 거짓말을 했던 사람들에게서 나타나는 단서들의 수, 즉 거짓말을 간파할 때의 난이도는 거짓말을 할 때의 난이도와 대체적으로 반비례했다. 즉 쉽게 답변할 수 있는 거짓말일수록 거짓임을 알아차리기가 어려웠다.

거짓말 실험에서 참가자들이 일상에서 많이 받았던 질문들에 대한 거짓 대답, 그리고 평소에도 자주 했던 거짓말에서는 거짓말의 단서를 찾기가 쉽지 않았다. 거짓말은 인간의 도덕성이나 또는 지성과는 상관없이 하면 할수록 실력이 는다.

반대로 실험 참가자들이 거짓말로 빠르게 대답하기 어려운 질문에서는 거짓말의 단서가 자주 등장했다. 복잡하거나 돌발적인 질문 앞에서는 어떻게 대답을 해야 할지 신중하게 생각하느라 눈과 입, 얼굴 근육의 움직임, 자세를 통제하는 데에만 주의를 집중하지 못하게 되기 때문이다. 질문의 난이도에 따라, 거짓말의 내용에 따라 거짓말을 간파하는 수준이 결정되는 것이다. 이를 토대로 거짓말 실험에 나온 거짓말 1,083개의 난이도를 평가해 다섯 가지 수준으로 분류했다. 지금부터 이야기하는 '거짓말 난이도'는 거짓말을 구분할 수 있는 난이도를 가리킨다.

거짓말은 3~7개의 단서를 흘린다

/

가장 쉽게 알아차릴 수 있는 거짓말에 해당하는 1수준은 거짓말과 관련된 단서가 하나의 사례에서 일곱 개 이상 나타난 거짓말들로, 거짓말 1,083개 가운데 227개가 해당되었다. 2수준은 거짓말 단서가 대여섯 개 정도 나타난 것들로 400개였다. 3수준은 서너 개의 거짓말 단서가 나타난 것으로 329개였으며, 4수준은 하나의 사례에서 한두 가지 거짓말 단서만 나타난 것으로 109개였다. 마지막으로 가장 난이도가 높은 5수준은 거짓말의 단서를 찾기 어려운 사례로 18개가 있었다.

		남성	여성	합계
1수준	발생 수	111	116	227
	비율	18.4%	24.2%	21.0%
2수준	발생 수	226	174	400
	비율	37.5%	36.3%	36.9%
3수준	발생 수	193	136	329
	비율	32.0%	28.3%	30.4%
4수준	발생 수	60	49	109
	비율	10.0%	10.2%	10.1%
5수준	발생 수	13	5	18
	비율	2.2%	1.0%	1.7%

표 1. 거짓말의 난이도에 따른 한국인의 거짓말

한국인의 거짓말 1,083개를 1수준부터 5수준까지 비율로 나누면 차례대로 21, 37, 30, 10, 2%다. 정리해보면 4수준과 5수준을 제외한 88%의 거짓말이 3~7개의 거짓말 단서로 나타났다. 즉 일상에서 무리 없이 간파할 수 있는 거짓말은 보통 3~7개 이상의 신호로 나타난다. 다시 말하자면 한국인들은 거짓말을 할 때 열에 아홉은 약 3회에서 7회 사이의 거짓말 단서들을 흘린다. 따라서 상대방이 거짓말에 대해 일정한 훈련을 거친 전문가거나, 또는 상대방에게 답하기 쉬운 질문만 던지는 상황이 아니라면 대화하면서 거짓말 단서가 3~7가지 정도 나타났을 때 조금 더 의심의 확률을 높일 수 있다.

그렇다면 거짓말 난이도에 따라 어떤 거짓말 단서들이 나타나는지 알아보자.

		1수준	2수준	3수준	4수준	5수준	합계
1	안면비대칭	156	260	196	46	2	660
2	눈동자 좌우 이동	89	157	92	20	3	361
3	눈 깜박임 증가	68	135	57	9	2	271
4	발화(음)	73	50	69	14	1	207
5	거짓미소	93	62	27	6	0	188
6	발화(쩝)	27	72	54	13	0	166
7	발화(어)	16	57	45	11	2	131
8	미세표정(경멸)	23	51	44	11	0	129

9	질문 일부 반복	29	63	30	5	0	127
10	입술 꽉 다물기	39	60	23	3	0	125
11	미소	31	45	36	8	2	122
12	발화(쓰)	40	45	22	5	0	112
13	무표정	6	17	29	21	4	77
14	몸 앞뒤로 움직이기	18	32	22	2	0	74
15	아래턱 위로 올리기	12	37	16	0	0	65
16	머리 기울이기	16	26	19	1	0	62
17	발화(아)	13	21	23	3	0	60
18	침 삼키기	9	28	18	1	0	56
19	입술 침 바르기	12	24	12	1	0	49
20	고개 끄덕임 6회 이상	10	19	15	3	1	48
21	말실수	10	18	15	5	0	48
22	의자 흔들기	14	18	11	4	0	47
23	목소리 톤 상승	20	16	6	0	0	42
24	응답 지체	21	14	3	0	0	38
25	몸 앞뒤로 움직이기	13	9	11	3	0	36
26	눈동자 흔들림	6	12	11	0	0	29
27	몸 좌우로 움직이기	10	10	6	2	0	28
28	긴 침묵시간	13	11	1	0	0	25
29	3회 이상 특정 단어 반복	5	11	2	1	1	20

표 2. 한국인의 거짓말 수준에 따른 거짓말 단서의 발생 수

■ 비교적 알아차리기 쉬운 1수준과 2수준

가장 알아차리기 쉬운 1수준은 1,083개의 거짓말 사례 가운데 227개로 분류되며, 21%의 비율로 나타났다. 1수준으로 분류되는 거짓말에서 나타나는 주요 거짓말 단서로는 안면비대칭이 156회로 가장 많이 나타났다. 그 다음으로 거짓 미소, 눈동자 좌우 이동, 발화(음), 눈 깜박임 증가, 발화(쓰), 입술 꽉 다물기, 진실된 미소, 질문 일부 반복, 발화(쩝), 경멸의 미세표정 순으로 나타났다. 1수준은 보통 6~7개의 거짓말이 복합적으로 나타난다. 거짓말의 단서가 많이 나타나기 때문에 일정 시간 교육을 받으면 간파하기가 쉽다.

표 3을 통해 알 수 있듯이 거짓말의 단서도 매우 다양하다. 발생 수가 높은 거짓말 단서일수록 함께 나타나는 경향이 있다. 예를 들어 안면비대칭과 미소, 눈 깜박임 증가, 발화는 함께 나타날 확률이 높다. 안면비대칭과 거짓 미소, 눈동자 좌우 이동의 조합 또한 자주 나타난다. 30대 여성 참가자에게 가장 슬펐던 순간에 대해 질문했다. 그는 "수능 실패"라는 답을 두 번 반복해 말하면서 발화와 안면비대칭, 미소, 눈 깜박임 증가, 몸 뒤로 움직이기, 눈동자 좌우 이동까지 여섯 가지의 거짓말 단서를 드러냈다. 이 단서들이 모두 나타난 시간은 단 10초였다. 사람들이 어떻게 거짓말을 하는지 그 패턴을 이해한다면 거짓말을 발견하기가 한결 수월해진다.

2수준은 1수준에 비해 거짓말의 단서가 조금 더 적게 나타난다. 2수준은 보통 5~6개 정도가 나타나는데, 단서 수의 차이를 떠나 단서 자체를 알아차리기가 1수준보다 조금 더 어려워진다. 1,083개의 거짓말 가운데 400개의 거짓말이 2수준으로 36.9%의 비율이다. 2수준은 1수준과 달리 거짓말 단서의 순서가 바뀐다. 안면비대칭이 260회 발생해 1위를 차지했으며 그 다음으로 눈동자 좌우 이동, 눈 깜박임 증가, 발화, 질문 일부 반복, 거짓 미소, 입술 꽉 다물기, 미세표정, 미소, 아래턱 위로 올리기, 몸 앞뒤로 움직이기, 침 삼키기 순으로 나타났다. 앞에서 강조했듯이 사람들이 거짓말을 할 때에는 일정한 패턴이 있다. 그 패턴을 인식하고 거짓말 정보를 잘 해석할수록 거짓말에 속지 않을 확률이 높다. 중요한 점은 발생 수

	거짓말 신호	1수준	발생률	거짓말 신호	2수준	발생률
1	안면비대칭	156	68.7	안면비대칭	260	65.0
2	거짓 미소	93	41.0	눈동자 좌우 이동	157	39.3
3	눈동자 좌우 이동	89	39.2	눈 깜박임 증가	135	33.8
4	발화(음)	73	32.2	발화(쩝)	72	18.0
5	눈 깜박임 증가	68	30.0	질문 입부 반복	63	15.8
6	발화(쓰)	40	17.6	거짓 미소	62	15.5
7	입술 꽉 다물기	39	17.2	입술 꽉 다물기	60	15.0
8	미소	31	13.7	발화(어)	57	14.3
9	질문 일부 반복	29	12.8	미세표정(경멸)	51	12.8
10	발화(쩝)	27	11.9	발화(음)	50	12.5
11	미세표정(경멸)	23	10.1	미소	45	11.3

12	응답 지체	21	9.3	발화(쓰)	45	11.3
13	목소리 톤 상승	20	8.8	아래 턱 위로 올리기	37	9.3
14	몸 앞뒤로 움직이기	18	7.9	몸 앞뒤로 올리기	32	8.0
15	머리 기울이기	16	7.0	침 삼키기	28	7.0
16	발화(어)	16	7.0	머리 기울이기	26	6.5
17	의자 흔들기	14	6.2	입술에 침 바르기	24	6.0
18	몸 뒤로 움직이기	13	5.7	발화(아)	21	5.3
19	발화(아)	13	5.7	6회 이상 고개 끄덕임	19	4.8
20	의자 흔들기	13	5.7	의자 흔들기	18	4.5
21	입술에 침 바르기	12	5.3	말실수	18	4.5
22	아래 턱 위로 올리기	12	5.3	무표정	17	4.3
23	6회 이상 고개 끄덕임	10	4.4	목소리 톤 상승	16	4.0
24	말실수	10	4.4	응답 지체	14	3.5
25	몸 좌우로 움직이기	10	4.4	눈동자 흔들림	12	3.0
26	침 삼키기	9	4.0	긴 침묵	11	2.8
27	무표정	6	2.6	3회 이상 특정 단어 반복	11	2.8
28	눈동자 흔들림	6	2.6	몸 좌우로 움직이기	10	2.5
29	3회 이상 특정 단어 반복	5	2.2	몸 뒤로 움직이기	9	2.3

표 3. 거짓말 실험에서 나타난 수준별 거짓말 단서 발생 순위(1수준, 2수준)

가 많을수록 거짓말 단서들이 함께 나타나기 쉽다는 것이다. 20대 남성 잠가자에게 가장 존경하는 위인이 누구인가에 대해 질문을 했었다. 그는 "쓰~, 이순신?"이라는 짧은 대답을 하면서 안면비대칭, 눈동자 좌우 이동, 발화, 거짓 미소, 입술 꽉 다물기까지 다섯 가지 거짓말 단서를 보였다.

■ 난이도가 크게 올라가는 3수준과 4수준

3수준부터는 거짓말의 난이도가 크게 달라진다. 서너 개의 거짓말 단서로 거짓말 유무를 판단해야 하기 때문에 고도의 집중력과 관찰력, 추리력, 통찰력을 필요로 한다. 1,083개의 거짓말 가운데 329개(30.4%)의 거짓말이 3수준에 해당된다. 1수준과 2수준에서는 충분히 관찰하며 이성적으로 거짓말인지를 판단할 수 있는 단서의 비중이 높았지만, 3수준부터는 빠르게 판단을 내려야 하는 직관의 비중이 높아진다. 거짓말의 단서 가운데 안면비대칭은 1~2수준과 마찬가지로 가장 많이 나타나지만 발화 외에 미세표정(경멸)과 무표정과 같이 순간적으로 지나가는 단서나 추리가 요구되는 단서들이 10위 안에 나타났다. 거짓말 단서 세 개 정도만 놓고 판단해야 하기에 1, 2수준에 비해 판단을 내리기 쉽지 않기도 하다. 만약 3수준에 해당되는 거짓말을 경험하면서 쉽게 판단을 내리기 어렵다면 상대에게 압박감을 주는 방법으로 어려운 질문이나 돌발적인 질문을 해서 상대방을 흔들어 결정적인 단서를 보다 더 흘릴 수 있도록 유도해야 한다. 통상적으로 '남을 속일 줄 아는 사람', 거짓말을 직업으로 삼고 있는 이들이 3수준의 거짓말을 하는 경우가 많다.

4수준에서는 거짓말의 단서 한두 가지라는 제한된 정보만 가지고 판단해야 하기 때문에 심리학을 비롯해 생물학, 법의학, 뇌과학, 행동경제학, 언어학 등 여러 분야의 방대한 지식은 물론 무수히 많은 실패를 겪으며 거짓말을 관찰한 끝에 얻은 경험을 필요로 한다.

30대 남성 참가자에게 가장 좋아하는 명언에 대해 알려달라고 질문했다. 그는 "아는 것이 힘이다, 이 말을 가장 좋아합니다"라는 말을 하면서 안면비대칭, 고개 끄덕임 등 일곱 가지의 거짓말 단서를 드러냈다. 비교적 거짓말 단서들을 찾기 쉬운 사례였음에도 거짓말 강의를 듣는 사람들에게 이 영상을 보여주자 상당수가 진실로 체크했다. 실제 일상에서 거짓말을 간파할 때에는 난이도가 훨씬 올라갈 것이다. 녹화된 영상을 놓고 시험을 보듯이 관찰하는 것과는 다르게 삶에서 마주치는 거짓말이란 흐르는 물처럼 끊임없이 변화하는 상대의 얼굴과 자세, 손짓, 목소리에서 아주 잠깐 스쳐 지나가는 단서들을 빠르게 잡아내는 한편 말의 내용까지 분석해야 하기 때문이다. 4수준의 거짓말은 더 말할 것도 없다. 한두 가지 거짓말로 의심할 수 있는 단서가 나타났지만 실제로는 진실을 말한 경우를 4수준이라고 착각할 수도 있다.

4수준부터는 거짓말의 단서가 거의 드러나지 않기 때문에 거짓말과 관련된 훈련을 받은 소수의 전문가만이 이와 같은 수준의 난이도 높은 거짓말을 할 것이라고 생각하기 쉽지만 평범한 사람들도 얼마든지 4수준 이상에 해당되는 거짓말을 할 수 있다. 실제로 거짓말 실험에 나온 거짓말 1,083개 가운데 109개, 10.1%나 4수준에 해당되었다. 평범한 거짓말 열 개 가운데 하나는 전문가도 선뜻 판단을 내리기 힘든 거짓말인 셈이다. 4수준 이상의 거짓말에는 앞에서 밝힌 것처럼 작정하고 오랜 시간에 걸쳐 준비한 거짓말 외에도 쉽게 대답할 수 있는 질문에 대한 답이나

	거짓말 신호	3수준	발생률	거짓말 신호	4수준	발생률
1	안면비대칭	196	59.6	안면비대칭	46	42.2
2	눈동자 좌우 이동	92	28.0	무표정	21	19.3
3	발화(음)	69	21.0	눈동자 좌우 이동	20	18.3
4	눈 깜박임 증가	57	17.3	발화(음)	14	12.8
5	발화(쩝)	54	16.4	발화(쩝)	13	11.9
6	발화(어)	45	13.7	미세표정(경멸)	11	10.1
7	미세표정(경멸)	44	13.4	발화(어)	11	10.1
8	미소	36	10.9	눈 깜박임 증가	9	8.3
9	질문 일부 반복	30	9.1	미소	8	7.3
10	무표정	29	8.8	거짓 미소	6	5.5
11	거짓 미소	27	8.2	질문 일부 반복	5	4.6
12	입술 꽉 다물기	23	7.0	발화(쓰)	5	4.6
13	발화(아)	23	7.0	말실수	5	4.6
14	발화(쓰)	22	6.7	의자 흔들기	4	3.7
15	몸 앞뒤로 움직이기	22	6.7	입술 꽉 다물기	3	2.8
16	머리 기울이기	19	5.8	6회이상 고개 끄덕임	3	2.8
17	침 삼키기	18	5.5	몸 뒤로 움직이기	3	2.8
18	아래 턱 위로 올리기	16	4.9	발화(아)	3	2.8
19	6회 이상 고개 끄덕임	15	4.6	몸 앞뒤로 움직이기	2	1.8
20	말실수	15	4.6	몸 좌우로 움직이기	2	1.8
21	입술에 침 바르기	12	3.6	머리 기울이기	1	0.9
22	의자 흔들기	11	3.3	침 삼키기	1	0.9
23	몸 뒤로 움직이기	11	3.3	입술에 침 바르기	1	0.9
24	눈동자 흔들림	11	3.3	3회 이상 특정 단어 반복	1	0.9

25	목소리 톤 상승	6	1.8	목소리 톤 상승	0	0
26	몸 좌우로 움직이기	6	1.8	긴 침묵	0	0
27	응답 지체	3	0.9	눈동자 흔들림	0	0
28	3회 이상 특정 단어 반복	2	0.6	응답 지체	0	0
29	긴 침묵	1	0.3	아래 턱 위로 올리기	0	0

표 4. 거짓말 실험에서 나타난 수준별 거짓말 단서 발생 순위(3수준, 4수준)

또는 일상에서 자주 받은 질문이라 답을 반복해가면서 정교하게 다듬어진 경우도 포함된다.

■ 알아차리기 힘든 5수준

5수준에 해당되는 거짓말을 찾아내는 사람이 있다면 아마도 폴 에크먼처럼 40년 넘게 거짓말에 대해 연구한 노련한 전문가 정도일 것이다. 폴 에크먼은 세계 최초로 얼굴움직임부호화시스템(FACS)를 개발했고 미세표정을 최초로 발견했으며, CIA나 FBI에서 자문을 맡기도 했다. 미국에서 인기를 끈 드라마 〈라이 투 미〉는 그의 이야기를 바탕으로 만들어진 것이다. 5수준에서는 거짓말의 단서가 나타나지 않거나, 단 하나만 나타난다. 하나가 발견되는 경우 4수준과 다른 점은 거짓말 단서를 찾을 수 있는 난이도다.

1,083개의 거짓말 가운데 18개의 거짓말(1.7%)만이 5수준에 해당되

었다. 신호 없음이 다섯 개, 무표정이 네 개, 눈동자 좌우 이동이 세 개, 안면비대칭, 눈 깜박임 증가, 발화(어)가 각각 두 개이며, 그 외 발화(음), 고개 끄덕임 6회 이상과 특정 단어 3회 반복이 있었다.

5수준의 거짓말은 현장에서 진실인지 거짓인지 구분하기가 거의 불가능하며, 거짓말에 대해 교육을 받은 전문가나 또는 예민하고 의심 많은 사람일지라도 알아차리기가 매우 힘들다. 수많은 진실 속에 단 하나의 거짓말을 숨겨 놓았기 때문이다. 예를 들어 한 참가자는 해외여행을 다녀온 곳에 대한 질문을 받자 "하와이, 미국, 프랑스, 영국, 독일, 중국, 태국을 방문했었습니다"라고 답변했다. 그러나 실제로 독일 인근을 스쳐 지나갔을지언정 그 참가자가 독일로 여행을 갔던 적은 없었다. 이런 거짓말은 찾아내기가 거의 불가능하다.

한국인들은 이렇게 거짓말한다

/

한국 사람들의 거짓말 영상 1,083개를 집중적으로 분석해보니 거짓말의 단서들은 시간의 흐름에 따라 나타난다는 사실을 발견하게 되었다. 거짓말 단서들은 거짓말이 뱉어지는 순간에만 드러나는 것이 아니다. 거짓말의 단서가 나타나는 시간은 말을 하기 전, 말을 할 때, 말을 하고 난 후 세 가지로 분류할 수 있다.

지금부터는 한국인들이 거짓말을 할 때 어떻게 거짓말의 단서가 시간의 흐름에 따라 드러나는지 실제 사례를 통해 알아보고자 한다.

■ 20대 남성 참가자 A "여행 좋아하세요?"

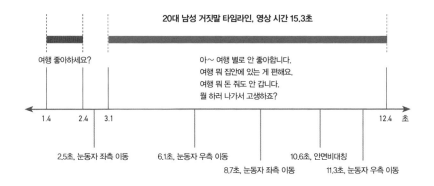

20대 남성 참가자인 A씨의 거짓말을 시간의 흐름에 따라 분석했다. A씨에게서 나타난 거짓말 단서로는 말실수, 발화, 눈동자 좌우 이동 2회씩, 안면비대칭까지 네 가지가 나타났다. 질문을 듣고 난 후 거짓말을 하기 전 눈동자가 좌측으로 이동한 것 외에는 대부분의 단서가 말을 할 때 나타났다. 말을 하는 시간은 9.3초였다. 9.3초 동안 목소리와 눈동자 움직임, 그리고 안면비대칭 등 다양한 거짓말의 단서가 시간의 흐름에 따라 순서대로 드러난 셈이다. 거짓말의 단서를 찾아내기 위해 주목해야 할 점은

상대방이 하는 말, 즉 언어에도 집중해야 하지만 목소리, 얼굴 표정도 관찰해야 한다는 것이다.

■ 20대 남성 참가자 B "인생에서 가장 중요한 질문은?"

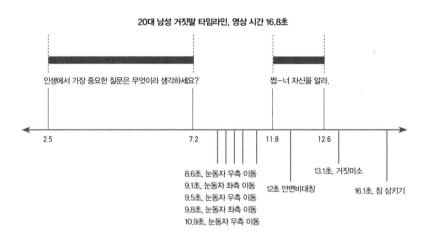

20대 남성 거짓말 타임라인, 영상 시간 16.8초

20대 남성 참가자 B씨는 특별한 방식으로 거짓말의 단서를 드러냈다. 말을 할 때 드러난 단서는 발화와 안면비대칭뿐이다. 질문을 듣고 난 후 대답하기까지 4.6초라는 긴 시간이 걸렸음에도 불구하고 거짓말의 단서라고 분류하지 않은 까닭은 질문의 내용 자체가 오랜 시간의 고민을 필요로 하기 때문이다. 게다가 B씨는 커뮤니케이션에 능숙한 성격이 아니었다. 그러다보니 질문을 듣고 대답하기까지 오랜 시간이 걸릴 수밖에 없었다. 사람마다 커뮤니케이션 스킬에 차이가 있기 때문에, 응답시간이 얼마나 걸리는가를 체크할 때는 그 사람이 얼마나 커뮤니케이션을 잘하는지에 대해서도 고려해야 한다. 상대방을 관찰할 때에도 거짓말 단서들을 기계적으로 대화 상황에 대입하기보다는 상대방의 특성이나 마주한 자리에 맞춰 융통성 있게 조절해야 한다. B씨는 말을 하기 전 2.3초 동안 반복해서 눈동자를 좌우로 움직였으며, 말을 하고 난 후 거짓 미소와 침 삼키기를 통해 자신이 거짓말을 하고 있다는 단서를 드러냈다.

■ 30대 남성 참가자 C "해외여행을 다녀온 곳은?"

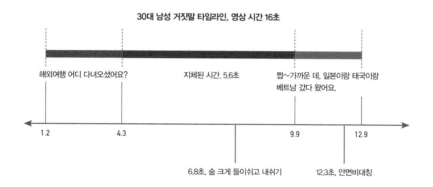

30대 남성 참가자 C씨는 질문을 듣고 난 후 대답하기까지 5.6초라는 생각보다 긴 시간을 보냈다. 해외여행을 다녀온 곳을 묻는 질문은 누구나 쉽게 대답할 수 있는 성격이다. 질문이 어렵지 않음에도 불구하고 기

억을 꺼내오는 데 오랜 시간이 걸린 것이다. 또 제법 길게 질문에 대해 고민하면서 자율신경계 반응에 의해 숨을 크게 들이쉬고 내쉬는 행동을 보였다. 9.9초에 발화가 나타났으며, 12.3초에는 안면비대칭이 나타났다.

■ 30대 남성 참가자 D "사랑하는 사람을 떠올리면 어떤 느낌인지?"

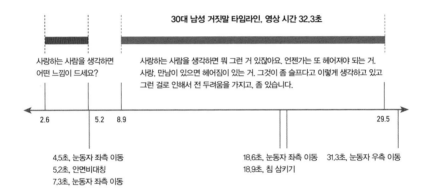

30대 남성 참가자 D씨는 길게 말을 이어가면서도 말실수를 하지 않았다. 그는 평범한 사람들보다 커뮤니케이션 스킬이 뛰어났다. D씨는 질문이 끝나기도 전에 눈동자가 좌측으로 이동했는데, 이는 사랑하는 사람에 대한 기억을 떠올렸으리라 추정된다. 질문이 끝나자마자 안면비대칭을 보여주었고, 다시 한 번 눈동자를 좌측으로 이동시켰다. 질문이 끝나자마자 대답하기까지 3.7초라는 시간이 걸렸는데 무슨 말을 해야 할지 충분히 생각한 것으로 보인다. 말을 하면서 눈동자 좌측 이동과 침 삼키기가

순차적으로 나타났고 말이 끝나고 난 후 눈동자를 우측으로 이동시켰다.
D씨는 거짓말에 익숙한 사람이다.

■ 20대 여성 참가자 A "가장 좋아하는 명언은?"

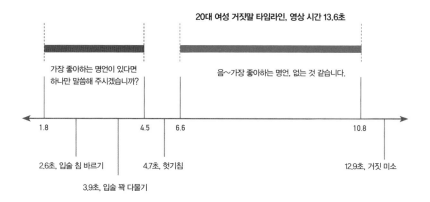

20대 여성 A씨는 질문을 듣고 난 다음 거짓말을 할 때에는 발화만 드
러냈을 뿐 아무런 단서가 드러나지 않았다. 오히려 질문을 듣고 있을 때
거짓말의 단서가 두 가지 드러났다. 2.6초에 입술에 침 바르기가 나타났
으며, 3.9초에 입술 꽉 다물기가 나타났다. A씨는 질문의 내용에 상관없
이 이미 거짓말을 하기로 마음속으로 결심한 것이다. 헛기침은 자율신경
계 반응으로 보인다. 불편함 혹은 초조함을 느꼈기 때문에 헛기침을 했
고, 말이 끝난 다음 거짓 미소를 지었다.

■ 30대 여성 참가자 B "이성교제 경험 많으시죠?"

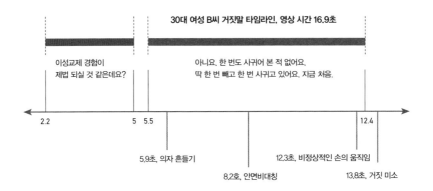

30대 여성 B씨로부터는 모순, 안면비대칭, 비정상적인 손의 움직임, 거짓 미소, 의자 흔들기까지 다섯 가지 거짓말의 단서가 나타났다. B씨는 질문을 듣고 처음 답할 때에는 한 번도 사귀지 않았다고 했다가 말을 바꿔 한 번만 사귀고 있다고 답변했다. 네 가지 거짓말의 단서들은 말을 하면서 나타났으며, 말이 끝나고 난 다음에는 거짓 미소가 나타났다.

앞서 밝혔던 것처럼 대화의 흐름을 뒤집는 돌발적인 질문은 상대방의 심리를 흔들어 거짓말의 단서를 끌어내기 쉽다. 그러나 민감한 정보를 묻는 질문은 오히려 상대방을 방어적으로 만들 수도 있으므로 각별한 주의가 필요하다.

■ 30대 여성 참가자 C "지식인가 상상력인가?"

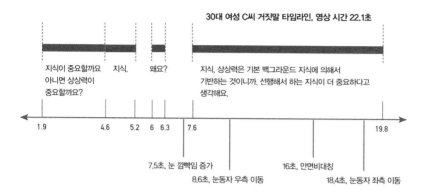

30대 여성 C씨 거짓말 타임라인, 영상 시간 22.1초

지식이 중요할까요 아니면 상상력이 중요할까요?

지식.

왜요?

지식, 상상력은 기본 백그라운드 지식에 의해서 기반하는 것이니까. 선행해서 하는 지식이 더 중요하다고 생각해요.

1.9   4.6   5.2   6   6.3   7.6   19.8

7.5초, 눈 깜빡임 증가

8.6초, 눈동자 우측 이동

16초, 안면비대칭

18.4초, 눈동자 좌측 이동

30대 여성 C씨에게는 두 가지 질문을 했다. 첫 번째 질문은 선택형 질문이며, 두 번째 질문은 개방형 질문이다. 질문에 단답형으로 짧게 대답하는 사람들에게서는 거짓말의 단서가 나타나지 않을 수도 있다. 상대가 진실을 말하는지 아니면 거짓을 말하는지 알고 싶다면, 상대가 짧게 대답하고 난 다음 곧바로 추가 질문을 할 필요가 있다.

C씨의 경우에도 단답형의 짧은 답변을 들은 다음 곧바로 개방형 질문을 다시 던졌다. 그러자 C씨는 '지식'이라는 단어를 4회 반복해 사용했고, 말을 하기 전에 나타난 눈 깜빡임 증가를 제외하고는 답변을 하면서 대부분의 거짓말 단서를 드러냈다.

■ 30대 여성 참가자 D "연인의 기만을 용서할 수 있는지?"

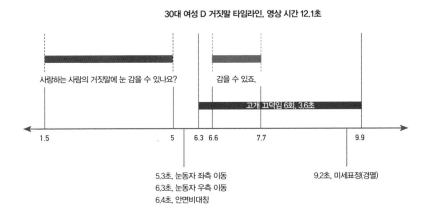

30대 여성 D 거짓말 타임라인, 영상 시간 12.1초

사랑하는 사람의 거짓말에 눈 감을 수 있나요?　　감을 수 있죠.

고개 끄덕임 6회, 3.6초

1.5　　　　5　6.3 6.6　　7.7　　　9.9

5.3초, 눈동자 좌측 이동
6.3초, 눈동자 우측 이동
6.4초, 안면비대칭

9.2초, 미세표정(경멸)

　　30대 여성 D씨의 경우는 거짓말의 단서를 한꺼번에 드러낸 사례다. 질문이 끝나기까지 특별한 변화는 없었으나, 곧 눈동자를 좌우로 움직였고 동시에 고개를 6회 반복해 끄덕였다. 고개를 끄덕이면서는 안면비대칭과 경멸의 미세표정을 보여줬다. 거짓말의 신호는 순차적으로 나타나는 경우도 있으나 이처럼 두 가지가 동시에 나타나는 경우도 있다.

　　지금까지 실제 사례를 통해 시간의 흐름에 따라 거짓말 신호들이 어떻게 나타나는지를 살펴봤다. 눈동자의 이동, 의자 흔들기, 입술에 침 바르기 등과 같이 질문을 받고 거짓말을 꾸미기 위해 상상하거나 불안감에 휩싸이는 심리에서 비롯된 신호들의 경우 거짓말을 말하기 직전부터 초

반에 집중된 경우가 많았다. 그리고 거짓 미소나 미세표정 등과 같이 자신이 답변한 거짓말에 대한 반응을 보여주는 신호들은 거짓말을 마칠 무렵에 주로 나타났다.

우리는 상대방의 말을 들을 때 말의 내용에 집중하다 다른 단서를 놓쳐버린다. 말의 내용과 목소리 신호, 눈으로 볼 수 있는 단서들 이 세 가지를 종합해 분석하려면 많은 노력과 오랜 시간이 걸릴 것이다. 다만 거짓말의 흐름을 참고하는 것도 하나의 요령이 될 수 있다. 거짓말을 올바르게 분석하려면 시간의 흐름에 따라 나타나는 신호들에 대해 이해할 필요가 있다. 그리고 다시 강조하지만 모든 신호가 거짓말과 관계된 것은 아니다. 불필요한 신호 정보는 과감하게 버리는 지혜도 필요하다.

남성의 거짓말 신호

질문 그런데 어제 그 여자 누구야?

대답 그 여자 누구냐고? 미국으로 공부하러 갔던 친군데 얼마 전에 귀국해서 그냥 밥 한 끼 한 거야. 걔 영어 실력이 원어민 수준이라서 내가 대학 다닐 때 도움을 많이 받았거든. 교육자 집안에 독실한 불교 신자라서 얼마나 보수적이고 조심스러운지 몰라.

상대방의 말을 반복하며 시간 끌기

9위 11.7%

한국인의 거짓말 신호

14위 6.8%

한국인의 거짓말 신호

손, 목 등 몸을 흔드는
순응행동

48.8%

한국 남성이 거짓말할 때
나타나는 비율

**눈동자
좌우 이동**

10위 11.6%

한국인의 거짓말 신호

입술 꽉 다물기

여성의 거짓말 신호

질문 어제 전화기도 꺼두고 하루 종일 어디 있었
던 거야?
대답 음~, 내 방.

높아지는 목소리 6.7%
한국 여성이 거짓말할 때 나타나는 비율

의미 없는 발화
4위 19.1%
한국인의 거짓말 신호

3위 25%
한국인의 거짓말 신호
1.5초간 4회의
눈 깜박임

0.7%
거짓말 신호 비율
한국인은 거짓말을 할 때 거의
코를 만지지 않는다

8위 11.9%
한국인의 거짓말 신호
거짓말 후 스쳐 지나가는
경멸의 미세표정

한국인의 거짓말에
어떻게 대처해야 하는가?

PART 3

진실을 말할 용기 없는 사람들이
거짓말을 한다. J. 밀러

CHAPTER 1

거짓말을 찾아내는
네 가지 방법

먼저 타인에게 관심을 가져라

/

당연하겠지만 한국인들은 미국이나 중국, 영국, 일본인들과는 다르게 행동한다. 그러나 우리가 받아들이고 있는 심리학에 관한 많은 이론들은 미국이나 영국 등 서구 문화권에서 진행된 실험 결과들을 토대로 한 것이다. 거짓말에 대한 심리학 상식들도 마찬가지다. '미국이나 영국, 이탈리아, 호주, 캐나다 등 서구권 국가에서 진행된 거짓말 실험과 조사를 신뢰할 수 있을까?'라는 질문에는 '물론 그렇다'고 답할 수 있다. 그러나 실험 대상과 조사 대상을 한국인으로 바꿔도 결과는 동일하게 나올지에 대해서는 회의적이다. 심리학 실험 결과는 문화권에 따라 달라질 수밖에 없다. 식습관에서부터 역사, 사용하는 언어, 생활하는 공간, 소득 수준에 이르기까지 서구 문명권에서 살아온 사람과 한국인은 다르다. 그리고 다른 환경은 심리와 행동에도 차이를 낳게 한다.

공중파로 방영되는 군 체험 관련 예능 방송에서 물릴 정도로 자주 나오는 에피소드가 있다. 바로 점호시간 도중 돌발적인 상황을 맞아 출연자들이 터져 나오는 웃음을 억지로 참다가 점호를 진행하는 조교에게 들켜서 호되게 기합을 받는 풍경이다. 반드시 군 복무 경험이 있는 남성이 아니라도 대부분의 한국인들은 이른바 '군대 문화'에 익숙할 것이다. 군대는 계급에 의해 움직이는 조직이며, 명령에 대한 철저한 복종이 요구되는 무력 집단이다. 명령에 대한 복종은 사사로움을 제거해야 가능하다. 따라서 군인은 적어도 병영 안에서는 자신의 감정을 드러내지 않아야 한다. 그저 상명하복의 원칙에 의해 주어진 명령을 무리 없이 수행해야 한다. 그 과정에서 울고 싶어도 참아야 하고, 웃고 싶어도 감정을 다스려야 한다.

군 복무 중에 잠시 휴가를 나온 20대 남성을 대상으로 거짓말 실험을 진행했을 때였다. 그는 카메라 앞에서 위축되거나 의도적으로 거짓말을 숨기려고 하는 게 결코 아니었음에도 실험 내내 여느 참가자들과는 다르게 농담에도 잘 웃지 않고 경직된 자세로 앉아 있었다. 그는 복무지 밖에서도 여전히 자신의 감정을 통제하고 있었던 것이다. 마치 제임스 본드가 포커페이스를 유지하는 것처럼 자신의 표정을 중립화하면서 속마음을 드러내려 하지 않았다. 그 참가자만의 특성이라고 하기에는 같은 신분의 참가자들에게서 비슷한 사례를 많이 발견할 수 있었다. 또 다른 20대 참가자는 부사관으로 군 복무를 마친 다음 전역을 한 지 3개월이 채 지나지 않은 남성이었다. 그 또한 자신의 감정을 되도록 드러내려 하지 않았다. 적지 않은 군 복무 경험으로 인해 병영 내에서 표정을 드러내지 않았던 행동이 심리적으로 고착화되어 있었기 때문이다.

한국인들의 거짓말이 특별한 이유는 이와 같은 일상적인 상황에 녹아 있다. 그것을 굳이 '군대 문화'라고만 한정지어 가리키지 않아도 상관없다. 서열과 권위를 강조하고 자신을 드러내는 것을 꺼리는 문화는 아이들이 다니는 학교와 여느 직장에서도 쉽게 볼 수 있다. 한국 기업에 남아 있는 이러한 문화는 직원들 간의 소통을 막는 장벽으로 작용한다. 많은 회사원들은 자신의 의견을 솔직하게 드러내는 대신 적당히 속이고 속아주는 타협이나 하고 싶은 말을 삼키는 침묵이 회사생활을 이어나가는 데 훨씬 도움이 된다고 생각한다. 이 또한 살아가면서 수없이 행하는 거짓말이라고 할 수 있다. 사회생활을 막 시작할 즈음 어른들에게 이런 조언을 한 번쯤 들어봤을 것이다. "쓸데없이 나서지 말고, 말 많이 하지 말고, 솔직하면 너만 손해야."

한국인들의 행동 심리는 신체접촉을 통해서도 알 수 있다. 한국은 다른 국가들과 비교해 봤을 때 '비접촉 국가'에 해당된다. 사람 간의 접촉 행동이 일상적이지 않은 문화권이라는 뜻이다. 여성끼리 손을 잡고 화장실에 같이 간다거나 남성들끼리 한잔 걸친 다음 어깨동무를 하고 밤거리를 걷는 모습이 낯설지 않은데 접촉 행동이 일상적이지 않다는 진단은 언뜻 이해가 가지 않을 것이다. 하지만 한국에서는 친한 동성끼리의 신체접촉에 너그러울 뿐이다.

악수는 한국의 이러한 문화를 보여주는 대표적인 예가 된다. 처음 만나는 남성과 여성이, 하급자가 상급자와 마주보고 자연스럽게 악수를 하는 광경은 한국에서는 결코 흔하지 않다. 외국에서도 남녀 간 또는 동성 간의 신체접촉을 어떤 성적인 의미로 받아들이는 경우가 많다. 다만 한국에서는 여기서 나아가 연령이나 직책이 낮은 이가 높은 사람에게 먼저 악수를 청하지 못한다. 여기에 젠더 문제까지 개입된다. 비즈니스 상황에서 처음 보는 파트너끼리 하는 악수는 대부분 남성들 사이에서만 이루어진다. 남녀 간 또는 여성 간의 악수도 찾아보기 어렵다. 대신 자연스럽지 않은 상황에서도 혼자 팔짱을 끼고 한발 물러서 있는 경우가 많다. 몸짓을 통해 상대에게 자신의 의견을 전달하거나 또는 전달받는 데 익숙하지 않은 데에서 비롯된 풍경들이다. 이러한 행동 심리는 한국인들이 거짓말을 할 때에도 이어진다.

신체접촉 외에도 한국인들의 행동 가운데 특별한 것 하나가 바로 눈맞춤이다. 한국인들은 어려서부터 선생님이나 부모로부터 꾸중을 들을 때 고개를 숙이고 아래를 보고 있어야 한다. 상대방의 눈을 똑바로 바라보는 것은 꾸지람에 결코 동의하지 않고 맞선다는 반항으로 받아들여진다. "어디서 눈을 그렇게 떠! 눈 안 깔아!" 이런 말을 들었거나 또는 했던 경험이 한 번쯤은 있을 것이다.

미국에서는 눈 맞춤이 반대의 의미를 가진다. 미국은 꾸중을 듣는 이가 꾸중을 하는 이를 쳐다보지 않는 것이 반항적인 행동을 의미한다. 눈 맞춤 컨설턴트인 마이클 엘스버그Michael Ellsberg의 주장에 따르면 눈 맞춤은 상황에 따라 많은 것을 의미할 수 있다. 눈 맞춤을 통해 호의, 사랑, 연민, 적대감 등 다양한 의미를 전달한다. 그러나 한국인들, 특히 남성들은 눈 맞춤에 익숙하지 않다. 어려서부터 눈 맞춤에 대한 올바른 교육을 받지 못했기 때문에 성인이 되어서도 눈 맞춤에 대한 두려움을 갖고 있고, 누군가 자신과 눈을 맞추면 도전으로 받아들이는 경향이 있다.

이러한 이유에서 한국인들의 표정은 상대적으로 다양하지 않은 편이다. 한국인들은 항상 어딘가 조금 화가 나 있는 듯한 표정으로 거리를 걷고 있다는 이야기도 다른 국가 사람들로부터 종종 듣는다. 언어 중심적인 문화도 여기에 한몫을 한다. 언어는 사실과 정보를 전달하는 의사소통수단인 반면 바디랭귀지나 목소리는 느낌과 감정을 전달한다. 언어 중심적인 의사소통방식에는 상대방과 마주하고서도 핸드폰 화면만 바라보며 문자로 대화하는 것과 같은 한계가 있을 수 있다.

한국인들의 행동 심리에 대해 짚고 넘어가는 까닭은 바로 여기에 있다. "전화로만 이야기하는 건 한계가 있으니까 인제 직접 보고 이야기하자." 우리는 말로 전하기 조심스러운 사안에 대해서는 아무리 껄끄러운 상황이 예상된다고 해도 이렇게 얼굴을 맞대고 소통하는 것을 선호한다.

전화로만, 이메일로만, 문자로만 이야기하면 불필요한 오해와 착각이 있을 수 있다고 생각하기 때문이다. 하지만 그렇게 어렵게 마주한 상대방을 우리는 얼마나 똑바로 바라보고, 얼마나 귀를 기울여 이야기를 들어줄까. '한국인의 정'이라는 말이 있지만 참견하기 좋아하는 데 반해 우리는 타인에게 그다지 관심이 없다.

한국인의 거짓말에 대처하기 위해서는 먼저 이러한 한국인의 특성에 대해 반드시 알고 있어야 한다. 거짓말을 간파한다는 것의 전제는 상대방의 진실에 관심을 가지고 있다는 자세다. 자신의 진실을 표현하는 데 서투르면 타인의 진실을 들여다보는 데에도 서투를 수밖에 없다. 타인의 거짓말을 알고 싶다면 먼저 타인에게 관심을 가져야 한다.

거짓말의 신호들을 통합하고 분석하라

/

거짓말에 관한 정보들을 습득하더라도 아는 것과 보는 것에는 차이가 존재한다. 아는 만큼 보인다는 말은 잘못되었다. 사람은 불완전한 존재이기 때문에 알아도 못보는 경우가 많다. 사람마다 습관이 다르듯이 거짓말을 할 때 나타나는 단서도 사람마다 차이가 있다. 예를 들어 앞서 설명한 거짓말 실험에서는 여성은 거짓말을 할 때 되도록 말수를 줄이며 반대로 남성은 말이 길어지는 경향이 있는 것으로 나왔다. 성격에 따른 차이도 있다. 사람을 쉽게 사귀고 교제에 익숙한 외향형의 사람들은 언변이 유창하고 과장된 리액션, 감정표현에 익숙하다. 반면 내향형의 성격을 가진 사람들은 어지간히 친한 사이가 아니라면 말을 많이 하는 모습을 쉽게 내보이지 않으며, 상대적으로 얼굴 표정에도 변화가 적다.

누군가를 만나 대화를 할 때, 상대방의 거짓말을 들여다보기 위해서는 우선 사람에 대해 이해해야 한다. 상대방이 남성인지 여성인지, 젊은지 연로한지뿐만 아니라 외향형인지 내향형인지 대체적인 성격에 대해 파악할 필요가 있다. 사람의 성격을 세분화할 때에는 디스크 4가지 유형, 에니어그램 9가지 유형, MBTI 16가지 유형 등 다양한 분류 방법에 따라 나눌 수 있겠으나, 일상에서 보다 쉽게 활용하기 위해 외향형과 내향형 두 가지로 단순화해보는 것도 좋다.

그 다음으로는 언어와 비언어가 주는 단서들을 분석하는 것이다. 앞서 밝힌 것처럼 거짓말의 단서는 언어를 통해 나타나기도 하지만 대부분은 언어와 비언어의 조합 혹은 비언어를 통해 나타난다. 비언어란 언어를 제외한 나머지 신호다. 비언어도 두 가지로 분류된다. 목소리 신호와 바디랭귀지 신호다. 거짓말 실험을 바탕으로 분류한 거짓말을 할 때 나타나는 25가지 신호와 추가로 설명되었던 거짓말 신호들은 언어적 거짓말 단서(5가지)와 목소리 신호(7가지) 그리고 바디랭귀지 신호(34가지)까지 크게 세 가지로 세분화된다. 거기에 '신호 없음'까지 포함시킨다.

구분	거짓말 신호
언어(5)	말의 길이, 단어 반복, 질문 반복, 말실수, 모순
목소리(7)	발화(음, 쩝, 어, 쓰, 아), 목소리 톤, 침묵 시간
바디랭귀지(34)	안면비대칭, 눈 깜박임 증가, 입술 침 바르기, 눈동자 좌우 이동, 미세표정(기쁨, 슬픔, 분노, 놀람, 두려움, 경멸, 혐오감), 거짓 미소, 비정상적인 입술 움직임, 입술 다물기, 미소, 무표정, 몸의 움직임, 턱 치켜들기, 침 삼키기, 고개 끄덕임, 코 만지기, 눈동자의 흔들림, 의자 움직이기, 머리 기울이기, 머리 좌우로 움직이기, 숨 크게 들이마시고 내쉬기, 콧구멍의 변화, 머리카락 뒤로 넘기기, 얼굴색의 변화, 목 만지기, 목 긁기, 귀 만지기, 이마 만지기, 눈썹 만지기

표 5. 거짓말을 할 때 나타나는 세 가지 유형의 단서

앞서 거짓말 실험의 타임라인 분석에서 보았듯이 사람들은 거짓말을 하면서 단서들을 순차적으로 드러낸다. 거짓말의 단서는 매우 짧은 시간 동안 나타났다 사라지고 또 나타났다 사라지기를 반복하기 때문에 그것들을 상대방과 대화하는 도중에 하나하나 관찰하고 또 분석하는 것은 매우 힘든 일이다. 언어와 목소리를 살피고 상대와 대화하면서 무슨 말을 해야 할지 생각하기에도 시간이 모자란데, 거짓말인지를 분석할 시간은 모자랄 수밖에 없다. 그렇기 때문에 비판적으로 관찰하기 위해서는 통합 분석하는 습관이 필요하다. '통합 분석하기'는 대화를 하면서 거짓말을

할 때 나타나는 단서 하나하나를 머릿 속에 저장해 두었다가 한꺼번에 처리하는 방식이다. 거짓말의 단서를 저장하는 방법은 간단하다. 카메라 셔터를 누르는 것처럼 사진을 찍듯이 거짓말의 단서들이 나타나는 순간 이미지 형태로 저장한다. 목소리 단서와 언어적 단서도 이와 유사한 방법으로 기억하면 된다. 그리고 그 신호들을 종합해 분석하는 것이다.

통합해 분석하기는 상대가 어떤 유형의 거짓말을 하는지 확인하기 위한 단계다. 거짓말 실험에서 1,083개의 거짓말이 어떤 거짓말 단서들의 조합으로 드러나는지를 분류해보니 여덟 가지 유형이 나왔다. 실험 참가자들의 거짓말은 대부분 유형 1 '언어+목소리+바디랭귀지', 유형 2 '목소리+바디랭귀지', 유형 3 '언어+바디랭귀지', 유형 4 '바디랭귀지' 이렇게 네 가지 유형으로 나뉘었다(표 6 참고). 1,083개의 거짓말 가운데 '언어+목소리' 조합으로 거짓말의 단서가 나타난 사례는 단 세 개에 불과했으며, '목소리'만으로 거짓말의 단서가 나타난 것은 네 개였고, '언어'로만 나타나는 사례는 단 하나도 없었다. 거짓말의 신호가 단 하나도 나타나지 않은 '신호 없음'을 제외하면 거의 모든 거짓말들이 이 네 가지 유형을 통해 나타난 셈이다.

20대 남성 참가자 A에게 올해 세운 목표가 무엇인지에 대해 질문을 하니 "음~, 올해 **목표** 세운 것. **운동**을 좀 많이 하고 싶습니다"라는 거짓말을 하면서 유형 1번, 즉 '언어+목소리+바디랭귀지'로 거짓말의 단서를 드러냈다. 거짓말에 대한 단서로는 질문 일부 반복, 발화, 의자 흔들기, 침 삼키기가 있었다. 질문 일부 반복은 언어적 단서이며, 발화는 목소리 단서이고, 의자 흔들기, 침 삼키기는 바디랭귀지 단서다. 거짓말을 할 때 나타나는 언어와 목소리 그리고 바디랭귀지 세 가지 단서를 모두 드러낸 것이다.

40대 여성 참가자 B는 거짓말을 할 때 유형 2번 '목소리+바디랭귀지' 조합의 단서를 드러냈다. 그는 이성친구를 많이 사귀었느냐는 질문에 "남자, 어~, 좀 만났죠"라는 대답을 하면서 네 가지 거짓말 단서를 드러냈다. 눈 깜박임 증가, 눈동자 흔들림, 발화, 무표정이다. 유형 5번 '바디랭귀지' 신호만 드러낸 거짓말도 많이 있었다. 30대 여성 참가자 C는 대기업에서 1억 연봉을 제안한다면 입사하겠느냐는 질문에 "아니요"라고 짧게 대답했다. 이 짧은 대답을 하면서도 눈 깜박임 증가, 입술 오므리기, 안면비대칭까지 세 가지 바디랭귀지 신호를 드러냈다.

유형 3번 '언어+바디랭귀지' 조합의 거짓말은 유형 2번(목소리+바디랭귀지)과 5번(바디랭귀지)에 비해 많이 나타나지 않았다. 30대 남성 참가자 D는 '언어+바디랭귀지' 유형의 거짓말을 했는데, 10년 후 무엇을 하고 있을 것 같으냐는 질문에 "10년 후에요, 10년 후면 아마도 전 농촌에 있지 않을까 싶어요. 제가 해보고 싶은 게 뭐냐면 시골에서 그냥 사는 거. 자연과 함께. 10년 후면은"이라고 대답을 하면서 네 가지 거짓말 단서를 드러냈다. 질문 일부 반복, 미세표정(경멸), 고개 끄덕임 10회, 안면비대칭이다.

	유형1	유형2	유형3	유형4	유형5	유형6	유형7	유형8	합계
남성	93	286	42	1	176	2	0	3	603
여성	40	190	42	2	202	2	0	2	480
합계	133	476	84	3	378	4	0	5	1083
비율(%)	12.3	43.9	7.7	0.3	34.9	0.4	0	0.46	100

유형 1 언어+목소리+바디랭귀지. 유형 2 목소리+바디랭귀지. 유형 3 언어+바디랭귀지.
유형 4 언어+목소리. 유형 5 바디랭귀지. 유형 6 목소리. 유형 7 언어. 유형 8 신호 없음.

표 6. 유형별 한국인의 거짓말 통계

한국인들은 거짓말을 할 때 유형 2번 '목소리+바디랭귀지' 조합을 통해 가장 많은 단서를 드러낸다. '목소리+바디랭귀지' 조합은 전체 거짓말 1,083개에서 476개가 나타났으며, 43.9%의 비율을 차지했다. 즉 거짓말을 할 때 나타나는 목소리 단서로 발화, 목소리 톤의 상승, 긴 침묵이 나타났고, 바디랭귀지 단서로 안면비대칭, 눈 깜박임 증가, 입술에 침 바르기, 눈동자 좌우 이동, 미세표정(경멸), 거짓 미소, 입술 꽉 다물기, 미소, 무표정, 몸 앞뒤로 움직이기, 아래턱 위로 올리기, 침 삼키기 등이 드러났다. 만약 마주한 사람이 거짓말을 한다는 의심이 든다면 그의 목소리에 귀를 기울이면서 동시에 눈으로 그의 전체를 잘 관찰할 필요가 있다.

그 다음은 유형 5번 '바디랭귀지' 신호만 나타난 경우다. '바디랭귀지' 유형은 378개로 34.9%의 비율로 나타났다. 바디랭귀지 신호도 여러 가지가 있지만 유형 2번 '목소리+바디랭귀지'보다는 찾기 쉬울 것이다. 시각과 청각 모두 집중해야 하는 2번 유형과는 다르게 5번 유형은 시각에만 집중해도 되기 때문이다.

　세 번째로 많이 나타나는 유형은 '언어+목소리+바디랭귀지' 조합으로 133개(12.3%)였다. 언어적 단서 다섯 가지와 목소리 단서 일곱 가지, 그리고 34가지 바디랭귀지 단서의 조합 형태로 나타난 유형이다. 네 번째로 많은 것은 '언어+바디랭귀지' 조합으로 84개(7.7%) 비율로 나타났다. 그 외의 다른 유형들은 대부분 발생 빈도가 드물었다.

　거짓말의 단서를 통합적으로 분석해야 할 때 한 가지 주의해야 할 사항이 있다. 바로 앞서 수 차례 강조했던 눈 맞춤이다. 거짓말의 단서에서 눈 맞춤을 뺀 이유는 한국 사람들이 거짓말을 할 때에만 눈 맞춤을 회피한다는 객관적인 증거를 찾지 못해서다. 말을 잘하는 사람과 못하는 사람이 있듯이 눈 맞춤을 잘하는 사람이 있으며, 눈 맞춤에 서툰 사람들이 있다. 일반적으로 여성이 남성보다 눈을 잘 맞추는 경향이 있다. 한국 남성들 가운데 일부는 눈 맞춤을 중요하게 생각하지만 어떻게 눈을 맞춰야 하는지 잘 몰라서, 또는 눈을 맞추는 자체를 부끄러워하거나 눈 맞춤을 눈싸움으로 받아들이는 등의 이유에서 상대방과 눈을 마주치기를 꺼린다.

　그러나 많은 사람들이 여전히 눈을 마주치지 못하는 행동을 어딘가 떳떳하지 못한 심리에서 비롯된 회피행동으로 생각한다. 기업의 입사 담당자들 가운데에서도 입사 지원자들이 눈을 마주치지 않으면 거짓말을 한다고 여기는 사람들이 많다. 그러나 한국인들의 경우 오히려 거짓말을 하면서 눈을 지속적으로 맞추는 경우가 많다. 상대가 자신의 거짓말을 믿는지 아닌지를 확인하기 위해서, 또 상대에게 신뢰를 주기 위해서다. 눈을 마주치지 않는 것과 눈을 잘 마주치는 것 두 가지 모두 거짓말의 단서가 될 수도 있고 아닐 수도 있다.

지금까지 한국인들이 거짓말을 할 때 주로 어떤 유형의 거짓말이 나타나는지를 정리해보았다. 인간이 거짓말을 할 때 흘리는 거짓말의 단서는

	1수준	2수준	3수준	4수준	5수준	비고
유형1	37	58	29	8	0	언어 + 목소리 + 바디랭귀지
유형2	117	197	139	21	2	목소리 + 바디랭귀지
유형3	18	38	27	1	1	언어 + 바디랭귀지
유형4	0	1	0	2	0	언어 + 목소리
유형5	54	106	133	75	10	바디랭귀지
유형6	1	0	1	2	0	목소리
유형7	0	0	0	0	0	언어
유형8	0	0	0	0	5	신후없음
합계	227	400	329	109	18	1,083

표 7. 거짓말 수준과 유형 비교

대부분이 한두 가지에서 끝나지 않고 드러나는 순간이 매우 짧다. 따라서 상대방과 마주한 상황에서 그 정보들을 실시간으로 처리하기에는 한계가 있다. 거짓말인지 아닌지를 알아내기 위해서는 하나의 신호가 아닌 여러 신호들을 기억 속에 저장해 두었다가 통합적으로 분석하고 결론을 내릴 줄 알아야 한다. 다만 여러 차례 나타난 거짓말 신호를 통합 분석하더라도 거짓말이 아닌 경우가 있다. 거짓말의 신호 세 가지가 연달아 나타났다고 해서 거짓말이라고 확신하기는 힘들다는 것이다. 그래서 통합적으로 분석하는 것 다음으로 필요한 능력이 바로 빠른 직관과 느린 이성을 활용해 내리는 판단이다.

'불'과 '얼음'을 함께 활용하라

/

2002년 노벨 경제학상을 수상한 심리학자 대니얼 카너먼Daniel Kahneman은 행동경제학의 창시자이기도 하다. 행동경제학이란 심리학과 경제학이 재결합되면서 탄생한 학문으로 인간의 실제 행동을 심리학, 사회학, 생리학적 방식에 의해 바라보고 그로 인한 결과를 규명하고자 하는 데 그 목적이 있다. 그 바탕에는 고전 경제학에서 중요시하는 '인간은 합리적인 존재'라는 전제에 대한 일부 부정이 존재한다.

사람들은 누구나 자신이, 그리고 인간이 어느 정도 합리적으로 의사결정을 하고 이에 맞춰 행동한다고 생각한다. 물론 인간은 어느 정도 합리적이다. 그런데 이 합리성은 상황에 따라 달라진다. 대니얼 카너먼과 그의 동료 아모스 트버스키Amos Tversky가 발표한 전망이론에 따르면 사람은 이익을 추구하지만 이익을 추구하는 데 있어 손해가 이익보다 크다고 판단되는 경우에는 이익을 추구하지 않는다. 대부분의 사람들은 위험을 회피하려고 한다. 만약 100%의 확률로 50만 원을 얻는 것과 50%의 확률로 100만 원을 얻는 두 가지의 선택지를 받는다면 대부분의 사람들은 금액이 반으로 줄어들더라도 100%의 확률로 돈을 받는 쪽을 택할 것이다. 인간은 선택의 기로에 섰을 때 반드시 합리만이 아니라 빠른 '불'과 느린 '얼음' 두 가지 시스템을 통해 결정을 내린다. 이 두 가지 시스템은 진실인지 거짓말인지를 구별할 때에도 활용된다.

첫 번째는 빠른 직관이다. 우리는 새로운 사람을 만났을 때 1~3초 안으로 그 사람에 대한 평가를 빠르게 내린다. 옷차림부터 시작해 키, 얼굴, 몸매를 보며 첫인상을 가늠한다. 빠른 직관은 자동차를 운전할 때에도 요긴하게 쓰인다. 시속 100킬로미터로 고속도로를 달리고 있는 상황에서 누군가 갑자기 끼어들기를 해도 우리는 순간적으로 위험을 인지하면서 브레이크를 잡거나 다른 차선으로 이동한다. 길을 걸을 때에는 귀가 빠른 시간 안에 위험을 감지한다. 우리의 귀는 항상 열려 있기 때문에 작은 소음에도 민감하게 반응한다. 길을 걸으면서 눈으로 볼 수 없는 골목길에서 차가 오고 있다는 것을 감지하고 순간적으로 몸을 움직여 차를 피하기도 한다.

누군가가 거짓말을 할 때에도 마찬가지다. 빠른 직관은 자동적이며, 기계적이고 무의식적으로 작동한다. 대니얼 카너먼은 빠른 직관을 '시스템 1'이라고 했다. 게르트 기거렌처Gerd Gigerenzer 막스플랑크 인간개발연구소장은 예측하기 힘든 돌발적인 위험에서 가장 효율적인 판단을 내리는 방법으로 직관을 제시한다. 쉽게 예를 들어 시험을 볼 때 객관식 문항 가운데 두 개를 놓고 고민이 된다면 처음 찍은 것이 정답인 경우가 많다는 일상의 조언이 여기에 해당된다. 다만 직관은 그간의 경험에서 축적한 정보들이 비슷한 상황에서 기계적이고 자동적으로 개입하는 것인 만큼 시스템1에만 의존하다 보면 편견에 빠지기 쉽다.

두 번째 시스템은 느린 이성이다. 느린 이성은 '시스템 2'라고도 한다. 시스템 2는 노력이 필요한 정신 활동으로, 규칙의 지배를 받으며 논리적으로 작동한다. 마트에 가서 물건을 구매할 때 비교하기, 보고서를 작성할 때 적절한 단어 기입하기, 책을 읽을 때 목차 살펴보기, 대화를 하면서 상대방의 얼굴 표정 관찰하기, 연말정산 서류의 항목에 기입하기, 계약서 검토하기 등 우리는 시스템 2를 활용해 많은 일을 하고 있다. 하지만 사람들의 집중력에는 한계가 있다. 인간은 자신이 보고 싶은 것만 본다. 실제로는 찾는 물건이 눈 앞에 있는데 다른 것을 집중해서 보느라 인지하지 못하는 경우는 누구나 겪어봤을 것이다.

입술에 침 바르기는 거짓말을 할 때 나타나는 단서 가운데 하나다. 한 30대 여성 참가자가 거짓말을 하면서 입술에 침 바르기를 드러낸 거짓말 실험 영상을 30명에 가까운 청중들에게 보여줬음에도 불구하고, 대부분의 사람들이 입술에 침을 발랐다는 사실조차 짚어내지 못했다. 대부분은 그 영상을 보면서 무슨 말을 하는가에만 집중했기 때문이다. 바로 그 점에서 시스템 2, 느린 이성이 중요하다. 상대가 거짓말인지 아닌지를 판단하기 위해서는 빠른 직관에 의지하기에 앞서 시스템 2를 활용한 체계적인 분석이 이뤄져야 하기 때문이다.

2부에서 사례로 제시되었던 20대 남성 참가자 A의 거짓말 타임라인을 다시 꺼내본다. A씨는 2.4초부터 12.4초까지 10초 동안 눈동자 좌우 이동 2회, 안면비대칭, 발화, 특정 단어 반복(여행 3회)이라는 거짓말 단서들을 순차적으로 드러냈다. 10초라는 짧은 시간 동안 이 모든 것들을 인지하기는 쉬운 일이 아니다. 그렇다고 몰래 대화 상황을 녹화했다가 복습하듯이 꺼내볼 수도 없는 노릇이다. 그래서 시스템 2를 이용해 기억 속에 저장해야 한다. 처음에는 이 작업이 어렵고 힘들게 느껴질 수 있다. 그러나 사람들을 만나면서 꾸준히 반복하며 실습한다면 이 또한 익숙해질 수 있다. 자기주도적 신경가소성 분야의 권위자인 제프리 슈워츠Jeffrey Schwartz 박사의 연구에 따르면 자전거 타기를 배우는 것과 뇌졸중 후 다시 걷는 법을 익히기 등은 모두 습관에 의해 새롭게 두뇌회로가 형성되는 과정이다. 우리 뇌의 뉴런은 선기 신호로 정보를 전달하는데, 같은 유형의 행동을 반복할수록 동일한 상황에서 똑같이 자동화된 반응을 보인다.

시스템 2, 즉 느린 이성을 이용하는 것이 거짓말을 찾아내는 데 있어

핵심이지만 시스템 2만으로 판단하는 데에는 한계가 있다. 누군가를 관찰할 때에는 거짓말의 신호를 알아내는 것도 중요하지만 진실의 신호를 알아내는 것도 중요하다. 거짓말을 하면서 나타나는 단서들은 진실을 말할 때 나타나기도 하기 때문이다. 불안하거나 초조해한다고 해서 그 사람이 거짓말을 하고 있다고 단정 지을 수는 없다. 낯선 환경이나 처음 만나는 사람들 앞에서 누구나 긴장을 하기 때문이다. 진실을 말하는 사람에게서도 미세표정이나 눈동자 좌우 이동, 눈 깜박임 증가, 발화, 질문 일부 반복, 입술 꽉 다물기, 거짓 미소, 미소, 무표정 등이 나타난다. 그러다 보니 진실을 거짓말로 오해하기도 한다. 시스템 2만을 이용해 판단을 하면 실수를 하는 이유가 여기에 있다. 그래서 시스템 1과 시스템 2를 적절한 비율로 합해 판단을 해야 한다.

시스템 2는 시스템 1과 상호작용을 한다. 우리는 누군가를 처음 만났을 때 신뢰할 수 있는 사람인지 아닌지를 직관적으로 판단하게 된다. 남녀가 처음 만나는 경우 첫눈에 빠져들 때가 있다. 이때는 시스템 1이 작동한다. 그리고 대화를 하면서 그 사람에 대한 많은 정보를 수집하며 통합적으로 분석한다. 첫인상 컨설턴트인 앤 데마레이스Ann Demarais는 첫인상의 핵심 요소를 일곱 가지로 분류했다. 바로 성격, 관심, 화제, 공개, 대화, 관점, 매력이다. 남녀 간의 만남에서는 시스템 1의 빠른 직관과 시스템 2의 느린 이성이 상호작용하면서 다시 만날지 아닐지를 판단한다.

시스템 2는 우리가 가지고 있는 편향에 대해서도 올바른 방향을 제시

한다. 후광효과와 낙인효과라는 것이 있다. 아름답고 날씬한 여성은 착하고 똑똑할까? 거짓말을 한 남성은 나쁜 사람일까? 전자는 후광효과의 사례이고 후자는 낙인효과의 대표적 사례라고 할 수 있다. 우리는 어느 특정한 사람의 외모를 보며 그 사람의 많은 것을 추론한다. 잘 알지도 못하면서 누군가의 한 가지 특징만으로 다른 특징들을 결론지어 버린다. 지금까지 내가 만났던 사람들 가운데 아름답고 참해 보이지만 성격이 안 좋은 사람들도 얼마든지 있었다. 또 나에게 거짓말을 했던 남성들 가운데 악의를 품어서가 아니라 단지 실수로 말이 헛 나온 사람들도 있었다. 그러므로 모든 가능성을 열어둬야 한다. 누구나 어느 정도 가지고 있는 편향은 한쪽으로 치우치는 상태를 말하는데, 편향은 기억, 사회생활, 행동, 의사결정에 이르기까지 삶의 모든 면에 걸쳐 영향을 준다. 우리가 가진 편향들은 시스템 1과 시스템 2에도 영향을 준다. 그러다보니 의사결정에 실수가 발생하기도 한다.

청중들에게 거짓말 테스트 영상을 보여주면서 거짓 여부를 판단하게 한 다음 사람들이 왜 진실을 거짓말로 선택하고, 거짓말을 진실로 선택하는지 질문했다. 어떤 남성은 자신이 경험했던 과거 사례와 비슷해서 선택했다고 대답했다. 자신이 아는 어떤 사람이 거짓말을 할 때 나타났던 단서와 똑같았기 때문이라는 것이었다. 또 어떤 여성은 빠른 직관과 느린 이성이 서로 충돌하는 상황에서 직관을 더 신뢰한다고 말했다. 조나 레러Jonah Lehrer는 《탁월한 결정의 비밀》에서 '결정을 내릴 때마다 자신이 내리는 결정의 종류와 그것들에 필요한 사고 과정의 종류에 주목하라'고 강조한다. 거짓말을 간파하는 것도 의사결정이다. 어떤 한 사람이 거짓말을 하고 있다는 것을 감지했다면 자신의 눈과 귀를 통해 정보가 입력되어 의사 결정을 담당하는 전두엽과 두정엽, 측두엽, 후두엽을 자극했다는 것이며, 불과 같은 빠른 직관과 얼음과 같은 느린 이성 두 가지를 적절한 비율로 활용해 의사 결정을 했다는 것이다. 하지만 감정은 조작될 수가 있으며, 사고 과정 또한 완벽하지 못하다는 결점을 가지고 있다. 그래서 생각에 대해 다시 생각해봐야 한다. 생각은 조작되기가 쉽다. 거짓말이라고 판단했다면 왜 그렇게 생각했는지 그 이유를 역추적하면서 오류와 편향이 없었는가도 짚어봐야 한다.

의심이 들면 시험하라

/

만약 상대가 거짓말을 하고 있다는 단서를 발견했다면, 그러나 확신이 들지 않는다면 스스로를 시험에 빠뜨리는 대신 상대방을 시험해볼 필요가 있다. 질문은 의사소통에서 매우 중요한 역할을 한다. 상대방으로부터 원하는 정보를 끌어낼 수도 있으며 진실을 말하는지 가늠할 수도 있다. 질문에는 좋은 질문과 나쁜 질문이 있다. 불필요한 단어나 복잡한 수식어를 많이 사용한다면 결코 좋은 질문이 될 수 없다. 만약 어떤 질문을 해야 할지 막막하다면 사람들이 나를 의심할 때 나에게 어떤 질문들을 했는지 되짚어보면서 질문을 예상해보는 것도 좋다. 거짓말 전문가들은 대화할 때 확인 질문을 적극적으로 활용한다. 확인 질문이란 질문자가 답변 내용을 알고 있는 질문을 말한다.

개인적 범주의 질문들이 있다. 고향, 나이, 가족 관계, 성격, 가치관 등이 이에 해당된다. 직업적 범주의 질문에는 하고 있는 일, 경력, 목표가 있다. 무슨 질문을 어떻게 하는지에 따라 상대의 얼굴 표정과 목소리, 자세가 달라진다. 그래서 거짓말을 간파하고 싶다면 질문에 대해 공부해야 할 필요가 있다. 그렇게 쌓인 정보들을 바탕으로 강연, 상담, 비즈니스 미팅 등 실전에서 수만 가지 질문을 던졌었다. 질문을 많이 하다 보니 노하우가 생겼다. 2부에서 소개한 거짓말 실험에서 참가자들에게 던진 질문들은 그간 수집했던 질문지 가운데 200개를 추려 정리한 결과다.

■ 어떻게 질문할지를 고민하라

질문을 할 때 주의해야 할 점이 있다. 무슨 질문을 하는가도 중요하지만 어떻게 질문을 하는지가 거짓말을 간파하는 데 보다 더 중요한 요소일 수 있다는 것이다. 거짓말 실험을 하면서 한 사람에게만 100가지 정도나 되는 질문을 한 적이 있었다. 훗날 그 영상을 분석하면서 중요한 사실 한 가지를 알게 되었다. 질문 자체 못지않게 질문을 어떤 방식으로 전달하는지가 매우 중요하다는 것이다. 내가 질문을 하면서 상대방을 가늠

하는 것처럼 답변하는 상대방 또한 나를 관찰하며 여러 가지를 판단한다. 질문을 하는 사람이 상대에게 어떻게 보이는가에 따라 상대가 진실을 또는 거짓말을 할 수도 있는 것이다. 눈빛, 눈 깜박임, 눈 맞춤, 얼굴 표정, 자세, 목소리의 크기와 빠르기, 리듬, 톤 그리고 침묵시간이 상대에게 어떻게 보이며 어떤 감정을 전달하는지에 따라 상대의 반응이 달라진다.

진실과 거짓을 구분하기 위해서는 '올바른 질문'을 하는 것이 매우 중요하다. 올바른 질문을 해야만 올바른 답변을 들을 수 있다. 만약 상대방에게 건네는 질문들이 효과가 있는지 궁금하다면 평소 자신이 무슨 질문을 하는지를 똑똑히 알고 있어야 한다. 최근 일주일 동안 무슨 질문을 했는지, 또 그에 대한 상대방의 반응은 어땠는지를 기록해 정리해보면 자신이 남들에게 질문을 던지는 성향이 대략적으로 그려질 것이다.

그리고 사람들을 만나 질문을 하고 난 다음에는 충분한 시간을 가지고 침묵할 필요가 있다. 대부분의 사람들은 침묵을 두려워한다. 침묵은 통상적인 커뮤니케이션 범위에서 벗어나기 때문이다. 침묵은 거짓말의 단서 가운데 하나지만 답변을 기다리는 측에서 굳이 침묵을 피할 필요는 없다. 침묵시간은 약 3초 정도가 적당하다.

한국인에게서 가장 많이 나타나는 거짓말 단서는 안면비대칭(60.9%)이다.

한국 남성은 거짓말을 할 때 수많은 정보를 제공해 그 안에 거짓을 은폐하려는 전략을 취한다. 즉 한국 남성은 거짓말을 할 때 **말이 많아진다.**

한국 여성은 거짓말을 할 때 제공하는 정보를 차단시켜 의심 자체를 회피하려는 전략을 취한다. 한국 여성의 거짓말 열 개 가운데 세 개는 **짧은 대답**이다.

한국 남성에게서 자주 나타나는 주요 거짓말 신호는 눈 깜박임(30%, 여성의 두 배)과 **눈동자 좌우 이동**(48%, 여성의 세 배), 경멸의 미세표정(15.4%, 여성의 두 배), 몸을 앞뒤로 흔들어 고정점을 움직이는 행동(10%, 여성의 세 배)이다.

한국 여성에게서 자주 나타나는 주요 거짓말 신호는 미소(19.2%, 남성의 네 배), **무표정으로 전환**(14.8%, 남성의 15배), 목소리 톤의 상승(6.7%, 남성의 네 배)이다.

약 88%, 즉 대부분의 거짓말은 한 번에 **3~7가지 거짓말의 단서**들을 드러낸다.

"입에 침이나 바르고 말해라", "눈 하나 깜박하지 않고 둘러댄다" "가시방석에 앉은 것처럼 안절부절 못한다"는 속담은 거짓말을 할 때의 행동 심리를 정확하게 반영한다.

한국인의 거짓말을 가장 선명하게 보여주는 말은 **"속은 놈이 바보지!"**다.

가까운 지인들을 상대로 거짓말의 단서들을 수집하거나, 또는 거짓말 여부를 섣부르게 시험하는 것은 굉장히 위험한 행동이 될 수 있다.

한국인들이 눈을 피한다고 해서 떳떳하지 못한 심정인 것은 아니다. 오히려 **거짓말쟁이들이** 상대방의 눈을 똑바로 **응시한다.**

CHAPTER 2

거짓말을 잘하는
다섯 가지 방법

어떤 20대 여성이 성폭행을 당할 위기에 처했다. 그는 자신에게 성병이 있다고 거짓말을 했다. 채팅을 통해 만난 남성이 성폭행을 하려고 하자 그는 자신에게 성병이 있으니 콘돔을 사오면 관계를 맺겠다고 설득했다. 남성이 경계를 늦추고 콘돔을 사러 나간 사이 그는 곧바로 경찰에 신고해 위기에서 벗어날 수 있었다.

살아가면서 거짓말을 해야 하는 순간이 반드시 온다. 그래서 거짓말을 잘하는 방법도 알아야 한다. 거짓말에 대해 잘 알고 있어야 거짓말로부터 스스로를 방어할 수 있기도 하다.

거짓말에는 세 가지 속성이 있다. 진화생물학자인 로버트 트리버스 Robert Trivers의 말에 따르면 초조함, 통제, 인지부하 세 가지가 거짓말의 일반적인 속성이다. 그러나 1,083개의 거짓말을 분석하면서 한국인들이 거짓말을 할 때에는 초조함보다 더 넓은 범위의 반응이 나타난다는 것을 알게 되었다. 이 책에서는 트리버스의 주장을 받아들이되 초조함을 '반응'으로 바꾸고자 한다.

거짓말을 할 때 나타나는 일반적인 반응은 스트레스다. 사람은 특정 자극이 주어지면 스트레스를 받는다. 직장에서의 스트레스, 학업 스트레스, 집안일에서의 스트레스, 대인관계 스트레스 등 우리는 살아가면서 수많은 스트레스에 시달린다. 로버트 트리버스가 언급한 초조함도 스트레스 반응 가운데 하나다. 거짓말 실험의 참가자들은 거짓말을 할 때 초조함 외에도 긴장, 흥분, 죄책감은 물론이고 재미, 쾌감 등 다양한 반응을 나타냈다.

거짓말을 성직자의 기도처럼 한 치의 의심도 들지 않도록 해치우는 사람이 있는가 하면, 거짓말을 하면 얼굴에 바로 표시가 나는 사람들도 있다. 그러나 정도의 차이만 있을 뿐이지 거의 모든 사람들은 거짓말을 하면서 동시에 '나 거짓말 하고 있어요'라는 신호를 보여준다. 거짓말을 할 때 나타나는 신호는 생각보다 많다. 언어적 신호, 목소리 신호, 바디랭귀지 신호를 모두 합하면 100가지 정도나 된다. 이 모든 신호들은 우리의 신체를 통해 나타난다. 그래서 거짓말을 할 때에는 몸을 조절하는 연습이 가장 중요하다.

마음을 비워라

/

거짓말을 잘하는 방법 가운데 첫 번째는 마음을 비우는 것이다. 이것이 가장 중요하다. 이러한 마음비우기를 '마인드 셋'이라고 말하고 싶다. 마음 비우기는 생각보다 어려울 수도 있다. 욕구는 마음대로 통제할 수 있는 것이 아니기 때문이다. 우리는 목적성을 가지고 거짓말을 한다. 거짓말에는 의도가 있다. 목적의식이 강하면 강할수록 그것은 얼굴 표정이나 목소리 또는 언어적으로 단서를 드러내기 마련이다. 그러므로 거짓말에 성공하기 위해서는 마음부터 비우는 것이 가장 중요하다.

거짓말을 할 때에는 목적을 위해 거짓말을 하도록 지시하는 의지와, 그것이 설령 쾌감으로 전달되더라도 진실을 말하지 않은 데 대한 스트레스를 받는 무의식이 서로 충돌한다. 그 결과로 미세표정이나 안면비대칭, 눈동자 좌우 이동, 눈 깜박임 증가 등의 현상이 몸을 통해 드러난다. 거짓말을 할 때에는 상대방이 속지 않더라도, 들키더라도 그만이라는 생각으로 임해야 한다. 그리고 누군가가 당신의 거짓말에 속는다면 상대의 반응도 잘 관찰해야 하지만 동시에 거짓말을 하는 스스로의 반응도 관찰할 줄 알아야 한다. 내가 어떤 표정으로, 목소리로, 몸짓으로 거짓말을 하기에 상대방이 속는지 또는 속지 않는지를 알 수 있기 때문이다.

남을 속이려면 스스로부터 속여라

/

두 번째는 자기 자신까지 속이는 것이다. 로버트 트리버스의 말에 따르면 우리는 남을 더 잘 속이기 위해 자기 자신부터 속인다. 자기기만의 종류는 다양하다. 자기 부풀리기, 남 폄하하기, 내집단 편향, 권력의 편향 등 갖가지 방법으로 우리는 스스로를 속인다. 자기 부풀리기는 대통령 선거에 출마한 후보부터 시작해 짝꿍에게 잘 보이고 싶은 초등학생에게 이르기까지 남녀노소 구분 없이 널리 사용하는 거짓말이다. 타인을 폄훼하는 심리 속에는 스스로에 대한 도덕적 우월감이 자리 잡고 있다. 질투의 대상이 되는 사람의 모순을 찾아 그에 대한 평가를 떨어뜨리면서 반대로 자기 자신은 올바른 사람임을 부각시킨다. 내집단 편향은 다른 집단의 사람들을 배척하는 성향을 가리킨다. 인종, 종교, 문화 등의 거시적인 부분부터 소규모 모임에 이르기까지 내집단 편향은 어디에서든 존재한다. 보통은 스스로에게 자신이 없는 이들이 민족이나 국가를 들먹이기 마련이다.

이와 같이 자기 자신을 속이는 학습을 끊임없이 반복하다보면 거짓말도 진실이 된다. 다른 사람을 설득하기에 앞서 스스로를 설득해야 하는 것처럼, 만약 다른 사람을 잘 속이고 싶다면 우선 지기 자신부터 속여야 한다.

거짓말도 연습해야 는다

/

거짓말을 잘하는 세 번째 방법은 연습이다. 거짓말도 많이 할수록 실력이 늘어난다. 거짓말 실험에서 진실인지 거짓인지 분간하기 힘든 영상이 몇 개가 있었음은 앞서 2부에서 언급한 바 있다. 그 거짓말들에는 공통점이 하나 있었다. 해당 참가자들이 평소 자주 했던 거짓말이었다는 것이다. 리얼리즘 연기법의 창시자이자 현대 영화 연기 발전에 가장 큰 영향을 준 콘스탄틴 스타니슬랍스키Konstantin Stanislavsky는 《배우수업》을 통해 연습을 강조했다. 그는 이렇게 말한다. "대단히 섬세하고, 대개는 잠재의식적인 삶을 표현하기 위해서, 배우는 남달리 민감하고 훌륭하게 스스로를 훈련시켜두어야 한다."

거짓말을 하기 위해서도 부단한 연습이 필요하다. 사실인 정보는 기억에서 꺼내오면 되지만, 거짓된 정보는 창조해야 한다. 그 순간 인지부하가 발생하는데, 1~2초의 빠른 시간 안에 인물이나 공간, 환경을 만들어내야 하기 때문이다. 그러나 상대가 어떤 질문을 할 것인가를 미리 예상하고 충분히 연습한다면 거짓말을 상대적으로 쉽게 만들 수 있다.

여기서 중요한 것이 한 가지 있다. 바로 대상에 집중하는 능력이다. 거짓말을 잘하는 사람들은 남들보다 뛰어난 집중력과 관찰력을 가지고 있다. 그리고 남다른 집중력과 관찰력을 얻기 위해 노력한다. 안구단속성운동도 그러한 노력 가운데 하나다. 안구단속성운동은 시각적 대상을 중심으로 관찰하기 위한 눈동자 운동의 일종이다. 스캐너가 종이를 스캔하듯이 눈동자를 움직이는 방법으로, 소개팅에서 상대방을 머리에서 발끝까지 1초 안에 훑어보는 것처럼 짧은 시간 안에 훑어보는 방법이다. 훈련을 거치면 동공이 관찰 대상이 되는 표적을 향해 의식적으로 매우 빠르게 움직일 수 있게 된다. 청각적 능력을 향상시킬 수도 있다. 대화를 할 때 목소리의 크기와 빠르기, 리듬 그리고 침묵시간이 어떻게 되는가를 체크하는 것이다. 악수를 하면서 촉각을 향상시킬 수도 있다. 악수를 할 때 손의 힘이라든가 부드러움, 손을 흔드는 횟수, 손의 접촉 면적 등을 근거로 그 사람의 성격을 파악할 수도 있다.

상대방에게 예민하게 반응하라

/

거짓말을 잘하는 네 번째 방법은 공감능력을 높이는 것이다. 거짓말쟁이들은 상대방의 욕망을 기민하게 읽고 그것에 반응할 줄 안다. 거짓말을 제대로 하기 위해서는 자신이 속이는 대상이 가진 결을 제대로 파악하고 있거나 또는 대상의 욕망과 누구보다 가까이 있어야 한다. 거짓말은 소통과 섬세함의 영역이다. 그래서 거짓말쟁이들은 결코 타인에게 무관심한 사람들이 아니다. 오히려 공감능력이 높은 사람들이다. 공감능력이 높은 사람들은 타인의 입장에서 생각하게 되고 느끼게 된다. 공감은 동정과 구별된다. 동정은 다른 사람의 어려운 처지를 자신의 일처럼 딱하게 여기는 감정적인 반응이다. 하지만 공감은 다른 사람의 감정, 의견, 주장에 대해 자신도 그처럼 생각하고 느낀다고 미루어 짐작하는 것이다. 즉 공감이란 다른 사람의 기분이나 감정을 이해하는 능력이다. 윌리엄 이케스William Ickes는 공감을 다음과 같은 여섯 가지로 분류했다. 바로 타인이 처한 상황과 유사한 경험을 통해 동일한 감정을 느끼는 정서적 일치, 타인의 감정을 직감하는 정서적 공감, 타인의 감정을 흉내 내는 정서적 모방, 타인의 감정을 이해하고 동참하는 정서적 참여, 타인의 주된 정서 상태에 전염되는 정서적 전염, 타인과 자신의 구분이 희미해질 정도로 타인의 감정에 몰입하는 정서적 동일시 등이다. 거짓말을 잘하기 위해서는 공감능력이 높아야 하지만 정서적 동일시가 일어나서는 안 된다. 공감하는 능력의 통제력을 상실하는 것은 합리적인 의사 결정에 방해요소가 된다.

　지난 5년간 바디랭귀지 강의를 하면서 한국인들이 어떤 감정을 잘 읽어내며 어떤 감정을 잘 읽지 못하는지를 분석했다. 한국인들은 대체적으로 타인이 표현하는 기쁨, 분노, 슬픔, 경멸, 무표정은 잘 읽는 데 반해, 놀람과 공포를 잘 구분하지 못했고, 혐오의 표정은 소수의 사람들만 간파했다. 자신의 감정을 조절하고 표현하는 것에는 남녀 간에 큰 차이가 있었다. 남성 3인, 여성 3인 모두 6인의 참가자들을 인터뷰하면서 동의를 구하고 그 결과를 영상으로 녹화했다. 그리고 촬영한 영상들을 약 11만장의 얼굴 사진으로 변환해 분석했다. 인터뷰를 진행할 때 기쁨, 슬픔, 분노, 놀람, 두려움, 혐오감을 유발하는 영상을 보여주자 남성들의 표정에는 변화가 많지 않았지만 여성들의 얼굴에서는 뚜렷한 변화가 있었다. 남성들은 영상을 보면서 분석과 예측을 했었다. 예를 들어 눈이 많이 내리는 날 고속도로에서 트럭이 지나가고 있다. 잠시 후 큰 굉음과 함께 트럭이 눈길에서 미끄러지면서 전복되는 사고가 발생한다. 남성들은 자동차가 눈길을 가고 있을 때 다음에 무슨 일이 발생할지를 예측하는 경우가 많았다. 그러다보니 놀라움의 반응이 상대적으로 나타나지 않았다. 반면 여성들은 영상을 보면서 기쁨부터 슬픔, 놀람, 두려움, 혐오감 등의 반응이 자연스럽게 나타났다. 자신의 감정을 솔직하게 표현한 것이다. 왜 이런 차이가 나타난 것일까?

대니얼 골먼Daniel Goleman 하버드대 교수는 부모가 자녀를 어떻게 대하는가에 따라 감성지능이 결정된다고 말한다. 감성지능이란 타인의 감정을 잘 읽고 자신의 감정을 잘 조절하는 능력을 말한다. 지금까지도 상당수의 한국 부모들은 자녀를 교육할 때 아들을 대하는 방식과 딸을 대하는 방식을 다르게 설정한다. 그러다보니 공감하는 능력에도 남녀 간에 차이가 생길 수밖에 없다. 혹자는 진화심리학적인 관점에서 설명을 시도한다. 여성은 상대적으로 약자이기 때문에 공감하는 능력이 남성보다 뛰어나도록 250만 년을 진화해왔다는 것이다. 그러나 너무 많은 곳에 진화심리학이 동원되는 감이 없지 않다.

중요한 것은 공감하는 능력 또한 학습할 수 있다는 것이다. 공감하는 능력이 높은 사람들은 누군가가 말을 할 때 언어와 비언어의 부조화를 직관적으로 잘 찾는다. 쉽게 이야기하면 눈치가 빠르다는 것이다. 공감하는 능력이 높은 사람은 그 사람의 입장이 되어 생각하게 되고 느끼게 되다 보니 거짓말을 하기가 쉬워진다.

신뢰를 구축하라

/

거짓말을 잘하는 다섯 번째 방법은 신뢰를 구축하는 것이다. 신뢰는 감정이다. 우리는 믿을 수 있는 사람을 선호한다. 남녀가 처음 만나 교제를 할 때에도 믿음을 전제로 한다. 누군가에게 믿음을 주는 행위는 영장류에게서도 찾아볼 수 있다. 침팬지에게는 두 가지 미소가 있다. 하나는 즐거울 때 나타나는 미소이며 또 다른 하나는 복종의 미소다. 영화배우 로빈 윌리엄스는 고릴라 코코와 매우 각별한 사이였다. 코코와 로빈 윌리엄스는 서로를 간지럼 태우면서 웃었다. 즐거움의 웃음을 보여준 것이다. 침팬지는 자신이 속해 있는 조직의 우두머리 침팬지 앞에서는 복종의 미소를 보여준다. 이 미소를 통해 침팬지는 우두머리에게 '나는 당신의 적이 아닙니다. 나는 믿을 만합니다'라는 의미를 전달한다.

미소 외에도 신뢰를 구축하는 또 다른 방법이 있다. 바로 상대방의 행위를 흉내 내는 것과 손바닥을 보여주는 행동이다. 오바마 미국 대통령과 데이비드 캐머런 영국 총리는 같은 자세로 농구를 관람했다. 두 사람 모두 왼손으로 턱을 받치면서 농구를 관람했었는데 누가 의도적이었는지 알 수는 없으나 서로 우방인 두 국가의 수반은 똑같은 자세로 농구를 관람했다. 정치인들은 외교협상을 하면서 서로의 자세를 관찰하면서 따라한다. 이처럼 서로의 행동을 흉내 내는 것을 미러링Mirroring이라고 한다. 미러링은 언제 어디서나 할 수 있다. 상대가 커피 잔을 들 때 따라서 할 수 있으며, 상대가 고개를 끄덕일 때 함께 고개를 끄덕일 수도 있다. 미러링은 그 효과가 매우 강력해서 거짓말 전문가들 역시 처음 만나는 사람들에게 자주 사용한다.

손바닥을 보여주는 행위 또한 숨기는 것이 없음을 강조하는 설명행동이다. 프레젠테이션을 하거나 스피치를 하는 사람들의 손을 자세히 보면 손바닥을 보여주는 사람과 그렇지 않은 사람에게서 차이점을 발견할 수 있다. 우리는 선서를 할 때 손바닥을 보여준다. 군인들이 경계근무를 하면서 자주 쓰는 "손들어!"라는 경고 또한 상대방에게 손바닥을 보여줄 것을 요구한다. 손바닥을 보이는 것은 자신의 손에 아무 것도 없음을 확인시키면서 상대에게 자신이 안전한 사람이라는 의미를 전달한다. 미소와 흉내 내기, 손바닥 보여주기 같은 몸짓 언어를 섞어줌으로써 상대방에게 무의식적으로 신뢰감과 안심을 전해준다면 거짓말이 보다 쉬워질 것이다.

CHAPTER 3

한국인들은
어떤 거짓말을 할까?

개인의 이익을 위한 거짓말

/

당연하겠지만 한국인들의 거짓말 가운데 상당수는 개인의 이익을 위한 거짓말이다. 물론 자신의 이익을 위해 시도하는 거짓말이 전체 거짓말의 목적 가운데 상당수를 차지한다는 것은 한국인만의 특징이 아니다. 그럼에도 한국인이 거짓말을 하는 동기에서 상당한 비중을 차지한다는 것 자체는 사실이기에 반드시 짚고 넘어갈 필요는 있다.

인간은 자신의 행복을 위해 스스로를 부풀리거나 타인을 깎아내린다. 행복 추구를 명분으로 스스로를 합리화하며 온갖 방법을 동원해 남을 속인다. 또 결과적으로는 타인을 이롭게 한다는 명분으로 자신의 거짓말을 착한 거짓말로 위장한다. 거짓말 뒤에는 항상 개인의 이익이 숨어 있다.

　누군가 '취업을 위해서라면 얼마든지 거짓말을 하겠으며 그로 인해 다른 정직한 지원자가 떨어진다고 해도 상관없다'는 식으로 말한다면 금세 이기적인 인간이라고 비난을 받을 것이다. 그러나 상당수 직장인들은 취업 시 자기소개서에서부터 거짓말을 하고 면접에서도 거짓말을 한다. 실제로 잡코리아가 2016년 상반기 면접 경험이 있는 남녀 1,553명을 대상으로 설문조사를 한 결과 절반이 넘는 847명, 54.5%가 면접에서 거짓말을 한 경험이 있는 것으로 나타났다. 우리는 그러한 거짓말을 스스로를 멋지게 홍보하는 스킬이라고 정당화한다. 남성은 아름다운 여성을 유혹하기 위해 자신을 거물인 것처럼 위장하는 거짓말을 한다. 그런 남성의 거짓말을 듣는 여성 또한 스스로가 아름답게 보이도록 온몸을 거짓말로 치장한다. 여기까지는 그저 웃고 넘어갈 정도의 일상적인 풍경일지도 모른다. 그러나 그것이 아주 조금만 더 심각해져도 뉴스로 나오게 되는 범죄가 된다. 취업을 하기 위해 자신의 경력을 속이고, 이성을 유혹하기 위해 거짓말을 궁리하고, 이혼 사유가 될 만한 과거를 감춘 채 결혼을 하기도 한다. 이런 거짓말과 관련된 범죄들이 매일 같이 인터넷 뉴스를 뒤덮지만, 우리에게는 단지 뉴스일 뿐이다.

　자신의 이익을 꾀하기 위해 하는 거짓말 가운데 가장 신가한 사례는 대중에게 이미지가 소비되는, 이른바 공인으로 지칭되는 이들의 거짓말이다. 당선되기 위해 상대 후보를 모함하고, 지키지도 못할 공약을 남발

하는 정치인들의 행태는 이미 우리에게 매우 익숙하다. 하지만 그뿐이다. 그런 추태를 볼 때마다 우리는 혀를 차지만, 정치인들이 거짓말을 한 데 대한 강력한 페널티를 받는 경우는 이제까지 거의 없었다. 스포츠 경기에서 승부 조작이나 불법 약물 사용 등이 적발되어도 몇몇 '대의'라는 이유를 명분으로 유야무야 넘어가는 경우 또한 상당수다.

기업의 거짓말 또한 국민들에게 돌이킬 수 없는 상처를 남긴다. 어느 식품업체는 국제 원재료 상승을 핑계로 제품 값을 올렸으며, 이동통신사는 '공짜폰'이라고 거짓 광고를 해 과징금을 받기도 했다. 인체에 무해하다는 거짓말에 속아 가습기 살균제를 사용했다가 큰 피해를 입은 사람들의 수는 정확히 얼마나 되는지조차 파악이 힘들 정도다. 커피, 치킨 프랜차이즈 업체들은 수익 보장 및 국내 업체 수 1위라는 허위사실로 창업자들을 울렸고, 홈쇼핑 전문 업체는 화장품 샘플을 정품인 것처럼 허위 방송을 하다 적발되었다. 우리의 건강과 직접적인 연관이 있는 먹을거리와 관련된 거짓말도 있었다. 원산지를 국내산이라고 속이고 판매한 막걸리가 시중에 유통되기도 했고, 대장균 떡볶이 사건으로 국민들에게 큰 충격을 준 어느 식품업체는 대장균이 검출된 제품을 유통한 사실이 없다고 극구 부인했지만 조사 결과 거짓말임이 드러났다. 이들 기업들이 거짓말을 하면 여론이 들끓으면서 불매운동이 벌어지고 경영자가 국민들 앞에 무릎을 꿇은 채 눈물을 흘리는 퍼포먼스를 보인다. 그러나 이 또한 그뿐이다. 막중한 책임이 요구되는 개인, 단체 가운데 자신의 이익을 위해 거짓말을 했다가 들킨 다음 다수에게 불이익을 주었던 만큼 처벌을 받은 경우는 찾기가 쉽지 않다.

앞서 자신의 이익을 위해 거짓말을 하는 것이 한국인만의 특성은 아니라고 했다. 물론 그렇다. 그러나 한국인만의 특성은 그 거짓말 이후에 있다. 우리는 자신의 이익을 위해 하는 거짓말에 너무 관대하다.

벌을 피하기 위한 거짓말

/

다음으로는 처벌을 피하기 위한 거짓말이 있다. '처벌을 피하기 위한 거짓말'이라고 하면 범죄자들이 자신의 형량을 조금이라도 낮출까 싶어 둘러대는 거짓말을 떠올리지만, 일상에서 수도 없이 이 부류의 거짓말을 접하며 골머리를 싸매는 이들이 있다. 바로 부모들이다.

아이들은 거짓말을 잘한다. 그리고 아이들이 하는 거짓말의 상당수가 바로 처벌을 면피하기 위한 거짓말이다. 부모들은 그 빤히 보이는 아이들의 거짓말과 맞닥뜨렸을 때 어떻게 대처해야 할지 난감해진다. 호되게 혼을 내서 바로잡아주고 싶지만 자칫 아이가 반발해서 더 엇나가게 될지도 모른다는 두려움도 있을 것이다.

식상한 이야기라는 것은 그만큼 널리 회자될 정도의 강력한 힘을 갖췄다는 뜻도 된다. 익숙한 지적이겠지만, 아이들은 부모를 통해 거짓말을 배운다. '전화 오면 엄마 없다'고 하라는 거짓말, 장난감을 사주기로 해놓고서 약속을 지키지 않는 거짓말 등 부모의 거짓말을 통해 아이는 두 가지를 깨닫게 된다. 윤리의 기준이자 바탕이 되는 부모도 거리낌 없이 거짓말을 한다는 것과, 거짓말은 때에 따라서 굉장히 유용하다는 것이다.

그 아이들이 자라 청소년이 되면서 거짓말은 더욱 대담해진다. 조절하기 어려운 소유욕, 성적 욕구가 새롭게 생겨나게 되고 자신의 행동을 조절하기 힘들어 위험한 선택을 하게 되기 쉬운 시기다. 또한 학업 문제, 친구와의 갈등으로 인해 스트레스를 많이 받는 시기이기도 하다. 여기서 또 하나 식상한 이야기를 꺼내본다. '세 살 버릇이 여든까지 간다'는 속담은, 거짓말에서는 굉장히 잘 맞아떨어진다. 유년기에 처벌을 피하기 위해 했던 거짓말은 청소년기의 충동적인 거짓말로 이어지고 성인이 되고 나선 자신의 이익을 위해 서슴없이 저지르는 거짓말로 발전한다.

처벌을 피하기 위한 거짓말에서 가장 심각하게 생각해야 할 부분은, 모든 거짓말이 이와 같은 특성을 가지고 있기는 하지만 특히 처벌을 피하기 위한 거짓말은 거짓말의 연쇄로 이어지기 쉽다는 것이다. 벌을 피하기 위해 거짓말을 하고 그 거짓말을 감추기 위해 다시 거짓말을 하면서 거짓말이 거짓말을 부르는 것이다. 아이들이 거짓말을 한다면 감정적으로 윽박지르는 식의 대응은 물론 교육에 좋지 않다. 그러나 아이가 처벌을 피하기 위해 거짓말을 했다면, 왜 거짓말을 해서는 안 되는지, 그리고 처벌이 어떤 목적 때문에 있는 것인지를 정확하게 설명해줄 필요는 있다.

　우리가 일상에서 처벌을 피하기 위한 거짓말로 가장 쉽게 떠올릴 수 있는 사례는 음주운전과 관련된 거짓말일 것이다. 도로교통공단의 음주운전사고 관련 통계 자료에 따르면 2010년부터 2014년까지 5년간 13만 6,827건의 음주운전사고가 발생했다. 연 평균 2만 7,000건의 음주운전이 발생한다는 것이다. 전체 교통사고 10건 가운데 한 건 이상은 음주운전사고다. 음주운전은 거짓말에서 시작해 거짓말로 끝나는 범죄다. 혼자 술을 마신 게 아니라면 음주운전을 한다고 했을 때 통상적으로 주변 사람들이 말리기 마련이다. 이들의 만류를 뿌리치기 위해서는 '음주운전을 하지 않겠다'는 거짓말이 필요하다. 그 다음 도로에서 주변 운전자들을 위험에 빠뜨렸음에도 음주운전이 아닌 척 속도를 높이고, 단속에 적발된 다음에는 술을 마시지 않았다고 거짓말을 하다가 혐의를 어쩔 수 없이 인정하고 나서는 딱 한 잔만 마셨다고 거짓말을 한다.

　처벌을 피하기 위한 거짓말이 가진 위험은 작은 처벌로 끝날 수 있는 사건이 거짓말로 인해 방치되면서 악화되기 쉬워진다는 데 있다. 근래 들어 거짓말과 관련해 벌어진 가장 큰 사고는 세월호와 얽힌 비극이다. 선박을 불법개조한 채 학생들을 무리해서 태운 배가 침몰하자 세월호 선장은 안심하라고 기내 방송을 한 다음 책임져야 힐 탑승자들을 뒤로 하고 도주했다. 거짓말이 연속해서 벌어진 사고였던 것이다. 그리고 구조 과정에서도, 사후 처리에서도 수많은 관련자들의 거짓말들이 이어졌다.

계모의 폭행과 학대로 여덟 살이란 어린 나이로 세상을 떠난 K의 사례도 있다. K의 담임교사는 K의 몸에서 학대의 흔적을 발견한 다음 계모를 불러 상담했지만 그의 거짓말에 속았다. 그와 K의 친아버지는 아동보호기관 관계자, 고모, 경찰에게까지 거짓말을 하면서 지속적으로 K를 학대했다. 만약 주변에서 이들을 주시하고 있던 이들이 거짓말에 속지 않는 방법을 알고 있었다면 너무 늦기 전에 한 생명을 구할 수 있었을지도 모른다.

병적인 거짓말

/

세 번째는 병적인 거짓말이다. 병적 거짓말쟁이가 일상에서 자주 볼 수 있는 부류는 아니지만 살아가면서 한 번은 마주치기 마련이기도 하다. 그들의 거짓말은 자기 자신뿐만 아니라 다른 사람에게도 큰 영향을 주기 때문에 반드시 짚고 넘어갈 필요가 있다.

병적 거짓말에 대해 쉽게 떠올릴 수 있는 사례는 영화 〈리플리〉가 묘사한 주인공 리플리의 행동이다. 리플리 역을 맡은 배우 맷 데이먼은 영화에서 범행을 저지를 때 죄책감을 느끼지 못하는 반사회적인격장애자의 모습을 탁월하게 묘사했다. 그의 연기를 자세히 들여다보면 병적인 거짓말쟁이가 어떤 부류인지는 물론 그들의 거짓말을 간파하는 단서도 찾을 수 있다. 바로 거짓말에서 시간과 공간에 대한 섬세함이 부족한 것이다. 리플리는 밤에는 피아노 조율사, 낮에는 호텔보이로 하루하루를 보낸다. 그러던 어느 날, 화려한 파티에서 피아니스트 흉내를 내다 선박 부호 그린리프의 눈에 띄어 이탈리아에 도착한 리플리는 프린스턴대학 동창이라고 하며 딕키와 그의 약혼자 마지에게 접근해 그들과 친분을 쌓는다. 하지만 리플리는 딕키와의 다툼 끝에 그를 살해한 다음, 이를 은폐하기 위해 자신의 신분을 딕키로 위장한다. 그렇게 시간이 지나고 어느 날 우연히 딕키의 반지를 본 마지는 리플리를 추궁한다.

마지 반지는 왜 가졌지?

리플리 딕키가 줬대도.

마지 왜? 언제?

리플리 내가 말할 때 뭘 들었어?

리플리는 딕키가 왜, 언제 반지를 주었는지를 묻는 마지의 질문에 답변을 얼버무리며 회피했다. 마지는 약혼반지와 같은 중요한 물품을 받았던 이유와 그 특별한 사건이 벌어진 시기를 물었다. 이러한 질문에 거짓말로 둘러대기 위해서는 많은 시간이 필요하다. 병적 거짓말을 가진 사람들이 완벽성을 추구한다고 해도 예상치 못한 질문에 대해서는 대답을 하기 어려워하기 마련이다. 이와 같은 질문 기법은 경찰이 범죄자를 심문할 때에도 자주 사용된다.

리플리 증후군은 자신을 둘러싼 현실을 부정하면서 허구의 세계를 진실이라 믿고, 상습적으로 거짓된 말과 행동을 반복하는 증상이다. 얼마 전 하버드와 스탠퍼드대학교에서 동시에 러브콜을 받아 두 명문대학교에 동시 입학을 할 것이라고 알려져 화제가 되었던 청소년이 언론에 보도되었다. 그는 뛰어난 수학 실력을 인정받아 두 학교 모두에 입학하게 되었고, 하버드대와 스탠퍼드대가 학년을 쪼개 두 학교 모두에서 수학할 수 있도록 협의했다고 말했다. 그러나 하버드대와 스탠퍼드대는 그의 입학 사실을 부인했고, 결국 거짓말임이 드러났다. 6년 동안 명문대 신입생 행세를 한 사건도 있었다. 그는 자신의 현실을 부정했으며 허구의 세계를 진실인 것처럼 믿었다. 여러 대학교를 돌아다니면서 동아리와 MT에까지 참여했고, 다른 신입생들과 함께 어울려 지내기도 했다.

병적 거짓말의 또 다른 증상으로 뮌하우젠 증후군이 있다. 독일인인 뮌하우젠의 이야기를 각색한 모험소설《뮌하우젠 남작의 모험》에서 이름을 따온 질환이다. 뮌하우젠 증후군은 실제로 앓고 있는 병이 없음에도 불구하고 아프다고 거짓말을 일삼는다거나 자해를 함으로써 타인의 동정과 관심을 유도한다.

병적인 거짓말은 처음에는 그럴 듯하게 들릴지 몰라도 조금만 알고 지내면 이상한 점을 쉽게 눈치챌 수 있다. 다만 그것을 깨달았을 때에는 이미 속은 데 따른 피해가 돌이킬 수 없을 정도로 커져 있는 경우가 많다. 또한 병적인 거짓말은 속는 사람뿐만 아니라 속이는 사람에게도 큰 피해를 입힌다. 무엇보다 병적인 거짓말은 정신적 아픔을 가진 극소수의 사람들에게만 나타나지 않는다. 우리 모두는 어딘가 결핍되어 있기 마련이고, 관심과 존중을 받고 싶어 한다. 그것이 조금 어긋나버리게 되면 거짓말이 거짓말을 부르는 악순환에 빠지게 되고, 그러한 처지에 놓인 스스로를 합리화하기 위해 자신의 거짓말을 믿게 된다.

남을 돕기 위한 거짓말

/

이른바 하얀 거짓말로 불리는 거짓말도 있다. 2014년 아르바이트 전문 포탈인 알바몬이 대학생 558명을 대상으로 설문조사한 결과에 따르면 부모님이 가장 많이 하는 거짓말로 "엄마(아빠)는 아무 것도 필요 없어", "8시야! 빨리 일어나", "우리 딸(아들)이 가장 예뻐" 등이 있었다. 연인 사이에서 이뤄지는 선의의 거짓말은 상대를 배려하거나 칭찬하는 거짓말이었다. "네가 제일 예뻐(멋져)"라든가 "뭐든지 다 해줄게"와 같이 거짓말임을 알고 있어도 막상 들으면 기분이 좋아지는 거짓말들이다. 직원이 고용주를 위해 하는 거짓말도 있었다. 실제로 일이 많이 힘든데도 불구하고 "하나도 안 힘들어요"라고 하거나, "사장님이 최고예요"와 같은 이른바 아부성 거짓말이 여기에 포함된다.

남을 돕기 위한 거짓말은 선의의 거짓말로 인식된다. 선의의 거짓말은 사회적 유대감을 강화하고 좋은 인간관계를 형성하는 데 필수다. 그래서 많은 자기계발서들에서는 거짓말을 잘하는 능력을 가리켜 사회생활을 잘하는 '기술'이라고 설명하기도 한다. 사람들은 그것이 빤하게 속이 들여다보이는 거짓말이라는 것을 알면서도 선의의 거짓말을 듣고 싶어 한다. 예를 들어 예전에 비해 체중이 늘었다고 자가진단했음에도 불구하고 상대방에게서는 이를 부정하는 거짓말을 듣고 싶어 이렇게 물어보고는 한다. "나, 살쪘지?"

선의의 거짓말이 사회생활을 하는 데 있어 윤활유 역할을 하는 것은 분명하다. 그러나 때때로 선의의 거짓말도 독이 될 때가 있다. 나는 좋은 의도로 거짓말을 했지만, 상대는 거짓말보다 진실을 원했을 수도 있다. 때로는 쓴 소리가 필요한데도 좋은 이야기만 해주다가 상대로 하여금 그릇된 판단을 내리게 할 수도 있다.

또한 선의의 거짓말이 도덕적으로 정당한지에 대한 논란도 많다. 선의의 거짓말 가운데 일부는 개인의 이익을 위한 거짓말일 수도 있기 때문이다. 선의의 거짓말이라는 것은 아무리 좋게 포장해도 당장의 인간관계를 위해 진실을 미래로 유보하는 것일 뿐이다. 예를 들어 한 청년이 자신이 하고 싶은 스포츠에 재능이 없음에도 불구하고 오랜 시간 매달리다가 미래가 막막해지자 조언을 구한다. 조언자는 진실을 잠시 미룬 다음 누구나 노력하면 언젠가는 그동안 흘렸던 땀이 보상받을 날이 올 것이라는 선의의 거짓말을 건넨다. 청년은 주변에서 한 마디씩 거드는 선의의 거짓말을 응원 삼아 더욱 노력해보지만 결국에는 목표한 만큼의 성과가 나오지 않은 데 크게 실망하게 된다. 하지만 되돌아가기에는 이미 너무 먼 길을 건너 온 다음이었다. 식상하지만 이러한 사례는 책임감 없이 행하는 선의의 거짓말이 가져오는 결과를 선명하게 보여준다.

반대로 선의의 거짓말이 반드시 필요하다는 주장도 있다. 선의의 거짓말은 누군가에게 용기를 주며 희망이 되기도 하기 때문이다. 어차피 거위는 절대로 날 수 없으니 일찌감치 포기하라는 권유는 냉정하고 정확한 조언일 수 있다. 그러나 누군가는 반드시 날기 위해서가 아니라 힘든 하루를 버틸 만한 꿈이 간절하게 필요한 경우도 있다. 살아가다 보면 어쩔 수 없이 하얀 거짓말이 필요한 때와 맞닥뜨리게 된다. 실제로 선의의 거짓말이 효과를 본 실험도 있다. '피그말리온 효과'를 교육 현장에 도입시키자 학생들의 성적이 향상된 것이다. 피그말라온 효과란 누군가에 대한 기대, 희망이 그 대상에게 현실로 실현되는 경향을 가리킨다. 로버트 로젠탈obert Rosenthal과 레노어 제이콥슨Lenore Jacobson은 교사의 기대감과 학생의 지적 발달이 어떤 연관관계가 있는지 실험한 다음 1968년 '교실에서의 피그말리온 효과'라는 제목으로 그 결과를 발표했다.

로젠탈은 오크초등학교에 재학 중인 학생들에게 지능검사를 실시한 다음 교사들에게는 하버드대에서 새로 개발한 지능검사법이기에 학생들의 학습 성취도를 가늠하는 데 도움을 줄 것이라고 거짓말을 했다. 그리고 '지능검사에서 학업성취도가 높을 거라고 판단되는 학생들' 20%를 선발해 교사에게 알렸는데, 그 20%의 학생들은 사실 무작위로 뽑은 것이었다.

실험 결과는 로젠탈의 예상대로였다. 연말고사에서 20%에 뽑힌 1학년 학생들은 평균 24점이 올랐다. 일반 학생들이 평균 12점이 오른 것과 비교하면 두 배의 상승 수치였다. 3학년의 경우에도 일반 학생은 7점이 상승한 데 반해, 20%에 뽑힌 학생들은 16.5점이 올랐다. 로젠탈과 제이콥슨은 이 실험 결과에 대해 "교사는 언제 어떻게 말하느냐에 따라서, 표정과 자세와 몸짓으로 아이들에게 성적 향상을 기대하는 의도를 전달할 수 있었다"라고 요약했다.

책임감 없는 선의의 거짓말로 오판을 내린 경우도 한 번쯤 겪어봤을 것이다. 또 누군가가 대수롭지 않은 마음으로 건넨 선의의 거짓말로 큰 용기를 얻어 위기를 극복한 경험 또한 한 번쯤은 있을 것이다. '선의'라는 매우 주관적인 기준이 들어가는 이상 무엇을 선의의 거짓말로 판단해야 할지는 매우 모호하다. 다만 받아들이는 사람에 따라 독이 되기도 하고, 득이 되기도 할 뿐이다.

자기 자신에게 하는 거짓말

/

우리의 뇌는 거짓말쟁이다. 끊임없이 거짓신호를 보내고 때로는 과거를 조작하기도 한다. 다이어트를 할 때 자주 듣는 조언 또한 뇌가 보내는 거짓 신호들을 다스릴 줄 알아야 한다는 것이다. 굳이 당분을 더 섭취하지 않아도 되는데 뇌의 거짓신호에 속아 "내일부터 진짜로 다이어트 독하게 해야지!"하고 자신과의 약속을 깬다. 우리가 거짓말을 가장 많이 하고도 가장 많이 속는 대상은 바로 자기 자신이다. 이것이 쉽으로 이어지면 인생 자체를 거짓말하는 경우도 생긴다. "나는 정말 최선을 다 했는데 세상이 나를 도와주지 않는다"라는 식으로 삶을 비관적으로만 생각하며 자신을 둘러싼 모든 문제에서 도피하고자 스스로를 세뇌시키는 사람이 있는가 하면 "나는 행복해"라고 자기 자신에게 최면을 걸면서 현재에 만족한다고 스스로에게 거짓말을 하는 사람도 있다.

우리는 의식적으로 거짓말도 하지만 무의식적으로도 거짓말을 한다. 자신에 대한 과대평가가 대표적이다. 많은 사람들이 생각하는 자기 자신은 특별하고, 스스로의 행동은 정당하다. 우리는 행동을 습관적으로 반복하게 되면서 이와 관련된 두뇌 회로를 형성한다. 이러한 현상은 헵 법칙으로 설명할 수 있다. 헵 법칙은 1949년 심리학자인 도널드 헵Donald Hebb 이 제시한 것으로 정보의 인과관계를 판단하는 학습법이다. 우리 뇌의 뉴런은 전기 신호로 정보를 전달하는데, 같은 유형의 행동을 반복할수록 동일한 상황에서 똑같이 자동화된 반응을 보인다. 자기 자신에게 하는 거짓말도 마찬가지다. 스스로에게 하는 거짓말에 중독되는 것이다.

행동경제학자 댄 애리얼리Dan Ariely 는 우리에게 인지적 유연성이 있으며, 거짓말을 포함한 부정행위를 저지르면서 이득을 얻는 동시에 스스로를 괜찮은 사람이라고 생각하는 경향이 있다고 지적했다. 이를 '퍼지 요인'이라고 한다. 누구나 스스로를 괜찮은 사람, 좋은 사람이라고 생각하지만, 괜찮다는 것의 기준은 사람마다 상이하고 거짓말을 하고 난 다음 느끼는 감정도 다르다. 누군가는 아주 쉽게 거짓말을 하고, 거짓말을 한 다음에도 아무렇지도 않다. 언제부터인가 '사이코패스'가 널리 퍼지면서 일상적인 용어로 자리 잡았다. 현대판 괴물로 받아들여지며 대중에게 크게 각인된 사이코패스를 아주 거칠게 요약하자면 '타인에게 공감하지 못하는 사람'이다. 그렇게 보자면 어떤 병적인 상태를 가리키는 의미로서가 아니라, 누구나 괴물이 될 수 있다. 바로 타인에게는 혹독하고 스스로에게는 너그러운 사람이 될 때다.

CHAPTER 4

거짓말을 대하는
우리의 자세

거리를 두고 관찰하고, 믿음이 갈수록 의심하라

우리는 아침마다 뉴스를 검색하다 언론을 통해 보도되는 각종 공기관들의 발표를 보면서 혀를 자주 차게 된다. 그러면서 '통계의 거짓말'을 끄집어낸다. 통계는 어떤 주장을 뒷받침해주는 근거이자 주장에 대한 신뢰와 권위를 더해주는 기능으로 자주 활용된다. 그만큼 통계가 가진 허점을 교묘하게 이용해 자신의 거짓말을 꾸미는 데에도 많이 동원된다. 교묘하게 사실을 조작해 거짓으로 방향을 뒤트는 또 다른 사례는 쉽게 찾을 수 있다. 수 년 전 우리나라를 떠들썩하게 만들었던 논문조작사건을 굳이 언급하지 않아도 가장 엄밀할 것 같은 분야인 과학계에서조차 거짓말이 빈번하게 발생한다. 사기사건에 휘말리지 않더라도 우리는 수많은 거짓말들에 둘러싸여 조금씩 피해를 보면서 살고 있다.

그래서인지 반드시 거짓말 전문가가 아니라도 일찍이 전 세계적으로 많은 지식인들이 거짓말에 대해 주목하고 또 조언해주고 있다. 저명한 천문학자인 칼 세이건Carl Sagan은 《악령이 출몰하는 세상》에서 진실과 거짓의 경계를 구분하는 비밀은 비판적 사고에 있다고 밝혔다. 노르망 바야르종Normand Baillargeon 몬트리올 퀘벡대학교 교수는 《촘스키처럼 생각하는 법》에서 우리가 매일 접하는 언어, 숫자, 기억, 과학, 미디어에 주목하라고 조언한다. 언어의 숨겨진 뜻, 숫자의 함정, 조작될 수 있는 기억, 과학자들의 사기극, 편향적인 미디어가 우리의 생각을 해킹하고 있다는 것이다. CIA 근무 경력 25년의 베테랑 요원이었던 필립 휴스턴Philip Houston은 《거짓말의 심리학》을 통해 행동보다 패턴을 관찰하는 것이 더 중요하다고 말한다.

이들 전문가들은 다음과 같은 한 가지를 공통적으로 지적하고 있다. 바로 비판적으로 의심하며 자세히 관찰하라는 것이다. 그것이 거짓말에 대처하는 유일한 방법일지도 모르겠다. 비판적으로 관찰하면 진실을 말할 때 나타나는 패턴과 거짓말을 할 때 나타나는 패턴이 다르다는 것을 알 수 있다. 우리가 비언어 커뮤니케이션에 대해 배우고 또 상대방의 몸짓을 해석하는 방법을 알아야 하는 까닭이다. 거짓말은 언어보다 비언어를 통해 밝혀지기 때문이다. 누군가를 마주한다는 것은 곧 상대방의 입보다 정직한 몸이 말해주는 정보를 읽는 과정이기도 하다.

속은 기억으로부터 빨리 벗어나라
/

사법시험을 준비하던 A는 1년간 사귄 30대 여성 B에게 이별을 통보한다. B는 자신이 성폭행을 당했다고 무고하고는 증거를 조작한다. A는 3년이라는 긴 시간에 걸쳐 자신의 결백을 입증한 다음 법원으로부터 무죄 판결을 받았지만 수사와 재판 과정에서 엄청난 정신적 고통과 스트레스, 그리고 금전적인 피해도 함께 받았다. A는 결국 자신의 꿈과 목표였던 사법시험을 포기하게 된다.

C는 D에게 천만 원 이상을 투자하면 3개월 단위로 원금 보장은 물론 10%의 수익을 내주겠다는 제안을 받았다. 실제로 D는 2년이 넘는 기간 동안 C에게 원금과 수익금을 꼬박꼬박 배당해줬다. 처음에 반신반의했던 C는 곧 D를 깊이 신뢰하게 되었고, 주변 친구들과 친인척들까지 소개해줬다. 그러나 D는 C의 믿음이 한껏 고조되었을 때 그동안 쌓인 예치금을 편취한 다음 달아났다. 졸지에 C는 자신의 퇴직금은 물론 친구와 친인척들까지 잃게 되었다.

나를 둘러싼 터무니없는 거짓말이 직장 혹은 온라인으로 퍼졌을 때,

또는 사기꾼의 거짓말에 취해 이리저리 휘둘리다가 피해를 입게 되었을 때 가장 먼저 취해야 하는 행동은 거짓말 가해자들의 행위를 증거로 수집하는 것이 아니라 조금이라도 빨리 냉정함을 되찾는 것이다. 자신에 대한 오해와 거짓말이 확산되고 있거나 믿었던 상대방에게 농락당했음을 뒤늦게 깨달았을 때 인간은 패닉 상태에 빠지게 된다. 그러한 상황에서 빨리 빠져 나와야 한다. 그래야 헛소문에 대처할 때, 또는 거짓말로 입은 피해를 수습할 때 골든타임을 놓치지 않을 수 있다.

그 다음으로는 자신이 거짓말로 피해를 입었음을 선언한 다음 자신에게 꼭 필요한 사람들, 자신을 지지해주는 사람들에게 도움을 요청해야 한다. 자신에 대한 거짓말이 확산되고 있다거나, 거짓말로 인해 큰 피해를 입었음을 분명히 밝혀야 하는 것이다. 앞서 언급했듯이 거짓말은 거짓말을 부른다. 자신이 입은 피해를 감추거나 혼자서 책임지겠다는 태도는 오히려 피해를 더 악화시킨다. 설령 스스로 해결할 수 있는 능력이 있더라도 다른 사람들이 겪을 제2, 제3의 피해를 막기 위해 거짓말로 입은 피해를 분명하게 밝힐 필요가 있다.

무엇보다 거짓말로 입은 피해에 대한 생각에서 하루빨리 벗어나야 한다. 거짓말은 한 사람의 운명을 바꾸기도 한다. 청소년기에 학교에서 거짓 소문으로 집단따돌림을 당한 학생은 그 고통을 평생에 걸쳐 가지고 간다. 거짓말을 통해 금전적인 피해를 본 사람들 또한 마찬가지다. 그들은 경제적인 피해도 피해지만 마음의 상처를 크게 입는다. 거짓말에 크게 당하면 인간에 대한 배신감과 분노, 그리고 속은 데 대한 수치심과 무기력감에 사로잡힌다. 대부분이 부정적인 감정들이다. 시간이 지나면 잊히고 또 그러한 부정적인 감정을 털고 일어설 수도 있겠지만 그 시기가 언제가 될지는 아무도 모른다. 겉으로 드러나지 않는 마음의 상처는 아물기도 어려운 데다 시간이 지날수록 상처가 더 깊어질 수도 있다. 관련 분야에 몸담고 있는 연구자들은 기억의 상처를 치료하는 방법을 개발하기 위해 노력하고 있지만 아직까지 이를 완벽하게 치료할 수 있는 방법은 나오지 않았다. 트라우마를 극복하기 위해 최면 치료를 떠올리기도 하지만, 그 또한 완벽하게 검증된 방법도 아니고 설령 효과가 있다고 해도 모든 사람들에게 적용되기는 힘들 것이다. 평생 거짓말에 속은 고통을 안고 괴로워하는 사람들이 많은 까닭이다.

거짓말에 속아 큰 피해를 입었다면 조금이라도 빨리 그러한 심리적 상황에서 벗어나는 것이 중요하다. 거짓말에 속는 까닭은 멍청해서가 아니다. 그것이 욕심 때문이든 또는 거짓말이 굉장히 정교해서든 상대방이 나를 믿어주기를 바라는 만큼 상대방을 믿었기 때문이다. 이미 속은 거짓말에 대해 생각하면 생각할수록 이른바 생각의 늪에 빠질 뿐이다. 그것이 거짓말에 속아서 입은 경제적 피해보다 훨씬 심각할 수 있다. 거짓말에 당한 다음 최악의 피해를 막는 유일한 방법은 부정적인 감정 자체에서 빠져나오는 것이다.

【 거짓말 체크 시트 + 실제 사례 】

■ 거짓말 단서 체크 시트

	거짓말 단서	체크
1	안면비대칭	☐
2	답변의 길이	☐
3	특정 단어 반복	☐
4	눈 깜박임 증가	☐
5	입술 침 바르기	☐
6	발화(음~, 쩝~, 어~, 쓰~, 아~)	☐
7	눈동자 좌우 이동	☐
8	미세표정(기쁨, 슬픔, 분노, 놀람, 두려움, 경멸, 혐오감)	☐
9	거짓미소	☐
10	질문 일부 반복	☐
11	입술 꽉 다물기	☐
12	미소	☐
13	무표정	☐
14	몸 앞뒤로 움직이기	☐
15	아래 턱 위로 올리기	☐
16	목소리 톤 올라감	☐
17	말실수	☐
18	침 삼키기	☐
19	고개 끄덕임(6회 이상)	☐
20	코 만지기	☐
21	침묵시간	☐
22	모순된 말의 흐름	☐
23	눈동자 흔들림	☐
24	의자 흔들기	☐
25	신호 없음	☐

■ 거짓말 체크 시트를 활용한 세 가지 실제 사례

20대 여성 참가자 A. 거짓말 유형 1번. 언어+목소리+바디랭귀지

질문 가장 소중한 기억은 무엇입니까?

답변 음~, 가장 소중했던 기억은 어~, 학교 다닐 때 친구들과 같이 모여 다니면서 놀았던, 놀고 공부했던 것인 것 같습니다.

☑ 안면비대칭	☐ 눈동자 좌우 이동	☑ 눈 깜박임 증가	☑ 발화(음~)	☑ 말실수
☐ 거짓 미소	☑ 발화(어~)	☐ 미세표정(경멸)	☐ 머리 기울이기	☐ 미소
☐ 발화(쓰~)	☐ 무표정	☑ 입술 꽉 다물기	☑ 질문 일부 반복	

30대 여성 참가자 B. 거짓말 유형 2번. 목소리+바디랭귀지

질문 지금 선생님의 인생에서 무엇이 선생님을 행복하게 하나요?

답변 (침묵 8.1초)좋아하는 사람들과 같이 있는 것.

☑ 안면비대칭	☐ 눈동자 좌우 이동	☑ 눈 깜박임 증가	☐ 발화(음~)	☐ 발화(쩝~)
☐ 거짓 미소	☐ 발화(어~)	☑ 응답시간 늦음	☑ 눈동자 흔들림	☐ 미소
☐ 발화(쓰~)	☑ 무표정	☑ 몸 앞뒤로 움직이기	☐ 의자 흔들기	

20대 남성 참가자 A. 거짓말 유형 5번. 바디랭귀지

질문 '감사합니다'와 같은 말을 하루에 몇 번 정도 하세요?

답변 두 번 정도 합니다.

☑ 안면비대칭	☑ 눈동자 좌우 이동	☑ 눈 깜박임 증가	☐ 발화(음~)	☐ 발화(쩝~)
☐ 거짓 미소	☐ 발화(어~)	☐ 미세표정(경멸)	☐ 머리 기울이기	☐ 미소
☐ 발화(쓰~)	☐ 무표정	☐ 몸 앞뒤로 움직이기	☑ 입술 꽉 다물기	

거짓말에 대한
거짓말

우리의 삶으로 보는 거짓말

거짓말은 창의성을 필요로 한다. 진실은 뇌 속에 저장된 기억 정보를 꺼내오면 되지만 거짓말은 저장된 지식을 변형하거나 지어내서 말해야 하기 때문이다. 하버드대학의 프란체스카 지노Francesca Gino와 듀크대학의 댄 애리얼리Dan Ariely는 창의력 및 부정직함과 관련된 실험을 했다. 실험 결과 창의성이 높은 사람들일수록 부정직함에서도 높은 점수를 받았다. 창의성과 거짓말에는 공통점이 있다. 바로 규칙을 깨는 것이다. 거짓말은 창의력을 필요로 한다. 창의력이 뛰어난 사람들은 우리가 가지고 있던 생각, 지식에 의문을 가졌으며 규칙들을 새롭게 깨버리고 새로운 지식을 발견하거나 제품을 발명한다. 거짓말을 잘하는 사람들도 마찬가지다. 거짓말을 하는 사람들은 인물, 공간, 물건 등을 새롭게 창조해 그것들을 이용해 무엇인가를 만들어낸다. 다만 사기, 무고, 위증 같은 거짓말 범죄를 비롯해 허위사실 유포, 명예훼손과 같은 문제를 만들어낸다는 것이 다를 뿐이다. 거짓말은 창의성이라는 동전의 뒷면이기도 하다.

인류 역사상 누가 최초로 거짓말을 발견했는지 알 수는 없다. 아마 불을 발견한 누군가처럼 창의성이 넘쳤던 사람이었을 것이다. 그러나 역사상 최악의 거짓말쟁이가 누구인지는 쉽게 꼽을 수 있다. 바로 히틀러Adolf Hitler다. 히틀러는 체임벌린Neville Chamberlain 영국 총리를 속였고 절망에 빠진 독일 국민들의 심리를 교묘하게 파고들었다. 그의 거짓말은 2차 세계대전까지 불러왔다. 오늘날에 이르러서는 돈과 관련된 거짓말이 주류를 이루는데, 버나드 메이도프가 가장 유명한 사례일 것이다. 역사상 최악의 화이트칼라 범죄자로 알려진 그는 사람들이 자발적으로 지갑을 꺼내도록 하는 '바잉 트랜스Buying Trance' 기술을 이용해 거짓말로 60조에 달하는 부당이익을 취했다.

인류 역사상 누가 거짓말을 시작했는지는 모르겠지만, 한 인간이 언제부터 거짓말을 시작하는지는 비교적 연구가 잘 이뤄졌다. 사람에 따라 다르겠지만 대체로 거짓말은 3세 경에서부터 시작된다. 그리고 성장하면서 거짓말도 점점 더 정교해진다. 국내에서 5세와 7세 아이들을 대상으로 유혹·저항 패러다임을 사용해 거짓말 관련 실험을 했다. 장난감 이름 맞추기 게임을 하는데 뒤로 돌아 앉은 아이에게 장난감의 소리를 들려주고 무슨 장난감인지 맞추는 방법이다. 실험 결과에 따르면 5세 아동보다

7세 아동에게서 거짓말 행동이 현격히 증가했다. 아이들은 성장하면서 지적 능력이 향상됨과 동시에 남을 속이는 능력도 향상된다. 아이들의 거짓말은 대부분 부모로부터 배운 것이다. 로버트 트리버스의 연구에 따르면 아이들은 부모의 거짓말을 통해 거짓말이 좋은 것이라고 학습하기도 한다. 거짓말은 살아가는 데 있어 정당한 생활양식이라고 생각할지도 모른다는 것이다. 부모는 스스로도 거짓말을 자주 하는 모습을 자녀에게 노출했으면서 자녀가 거짓말을 하면 벌을 준다. 아이는 당장의 처벌을 피하기 위해 또 다른 거짓말을 한다. 거짓말을 감추기 위해 또 다른 거짓말을 하는 악순환에 빠지는 것이다.

캐나다 맥길대학교 연구진은 체벌의 효과성을 입증하기 위해 4세부터 8세 어린이 372명을 대상으로 행동조사를 했다. 그 결과 거짓말을 한 아이에게 체벌을 가하면 오히려 거짓말만 늘어난다는 결론을 내렸다. 20년간 아이들의 거짓말을 연구해온 강 리 토론토대학교 응용심리학과 교수는 아이들이 어떻게 거짓말을 하는가에 대해서 중요한 이야기를 했다. 그는 테드TED 강연에서 성인이 아이들의 거짓말을 얼마나 잘 맞추는가에 대해 실험을 했다. 막연하게나마 성인이라면 아이들의 거짓말을 쉽게 맞출 수 있을 것이라고 예상할 것이다. 그러나 결과는 성인의 거짓말을 간파하는 것과 별반 다를 것이 없었다. 대학생, 법대생, 사회복지사, 아동 보호 변호사, 판사, 세관원, 경찰 등이 모두 50% 전후로 아이들의 거짓말을 맞추지 못했던 것이다. 심지어 부모조차 자녀의 거짓말을 맞추는 확률은

50%를 조금 넘을 뿐이었다. 아이들이 거짓말을 잘하는 것일까, 아니면 성인들이 아이들의 거짓말을 잘 못맞추는 것일까?

아이들은 자라 청소년이 되면서 더욱 거짓말을 많이 한다. 어느 청소년 심리상담 교사는 자신이 오랜 교육 과정을 받았음에도 불구하고 현장에서 청소년들의 거짓말을 잘 구별하지 못한다고 고백했다. 아이들의 거짓말은 비교적 큰 피해를 주지 않지만 청소년들이 하는 거짓말부터는 상황이 달라진다. 친딸을 성추행한 혐의로 기소된 어떤 40대 남성은 "아빠가 못놀게 해 벌주고 싶어서"라는 딸의 거짓말로 법정에까지 섰었다. 이름이 공개되지 않은 아르헨티나의 16세 청소년은 부모가 영화를 보러 가는 걸 허락하지 않을 것 같아 집에 전화를 걸어 납치당했다고 거짓말을 했다가 경찰이 출동하는 큰 사건으로 번져 국제뉴스에까지 나오게 되었다. 청소년기에는 급격한 육체적인 변화로 인해 감정과 충동 조절 능력에 문제가 발생하면서 종종 스스로에 대한 통제력을 상실하는데, 그것이 극단적인 결과를 불러오기도 한다.

이들 청소년들의 거짓말에는 인정욕구가 도사리고 있다. 유년기 때에는 부모의 거짓말을 모방하는 경향이 있다면 청소년기에는 부모나 주변 사람들의 기대에 부응하기 위해 거짓말을 하는 경향이 있다.

거짓말은 성인이 되어서도 계속된다. 20대의 주 관심사는 취업과 연애다. 이성을 유혹하기 위해 스스로의 매력을 과장하고 직장을 구하기 위해 자신의 성격과 과거의 경험을 허위로 기재한다. 면접을 볼 때에는 '연봉은 중요하지 않다'거나 '주말 근무도 즐겁게 할 수 있다'라는 거짓말을 강요당하기도 한다. 직장인이 되어서도 원만한 인간관계를 유지하기 위해 거짓말을 한다. 상사에게 잘 보이기 위해 아부를 하기도 하고, 설령 자신이 상사가 되었더라도 부하 직원들의 눈치를 보면서 마음에도 없는 칭찬을 늘어놓기도 한다. 일을 하다가 실수를 했을 때, 지각을 했을 때, 출근을 하지 못했을 때에도 거짓말을 한다. 결혼을 하고 자녀를 낳고서도 거짓말은 계속된다. "다 너 잘되라고 이러는 거야"라는 말을 하면서 아이를 위한 착한 거짓말이라고 합리화하곤 위안으로 삼는다. 자녀가 출가하고 난 후에는 몸이 여기저기 아픈데도 자녀가 걱정할까봐 '어디 아픈 데 없다'라고 거짓말을 한다. 우리는 태어나면서부터 죽을 때까지 평생에 걸쳐 거짓말을 한다.

우리의 거짓말은 다음과 같은 세 가지 결과로 분화된다. 첫째 거짓말을 상대방이 거짓말로 간파하는 경우가 있고, 둘째 거짓말을 진실로 속는 경우가 있으며 셋째 진실을 거짓말로 오해하는 경우가 있다.

거짓말을 거짓말로 받아들이는 것은 큰 문제가 되지 않는다. 우리가 가장 흔하게 접하는 경우는 상대의 거짓말을 진실로 받아들이는 경우다. 이 상황에서는 거짓말을 하는 사람뿐만 아니라 거짓말을 믿는 사람 모두에게 비용이 발생한다. 그러나 이것이 최악의 상황은 아니다. 최악의 상황은 상대가 전하는 진실을 거짓말로 잘못 받아들이는 경우다. 셰익스피어의 4대 비극 〈오셀로〉에 그러한 최악의 상황이 등장한다. 오셀로 장군은 아름다운 여인 데스데모나와 사랑에 빠져 결혼한다. 하지만 그가 전쟁에 나가 있는 동안 이아고는 오셀로가 의처증을 갖도록 상황을 조작한다. 결국 오셀로는 데스데모나를 살해하지만 나중에 진실이 밝혀지고 오셀로는 비탄 속에 자살을 한다. '오셀로의 실수'는 여기에서 비롯된 말이다. 진실을 말하는 사람이라도 거짓말쟁이라는 오해를 받으면 거짓말쟁이처럼 행동할 수도 있다.

이와 같은 상황은 종종 법정에서 발생하기도 한다. 죄가 없음에도 불구하고 거짓말쟁이와 비슷한 반응을 보였기 때문에 유죄로 인정되어 감옥살이를 할 수도 있다. 만약 그 사람이 거짓말쟁이로 오해 받고 감옥살이를 한다면 그에 따른 피해 보상은 어떻게 할 것인가? 극단적인 사례로 미국에서는 살인범으로 억울하게 누명을 쓰고 사형을 받은 사례가 최근까지도 있었다. 거짓말은 속은 사람의 인생을 바꾸기도 한다. 또 어떤 형태로든 거짓말은 한 사람의 삶에 부메랑처럼 돌아오기도 한다. 때때로 거짓말은 어떤 자연재해나 교통사고처럼 거짓말과는 무관한 사람의 삶을 거짓말로 만들어 버리기도 한다.

거짓말에 관대한 사회

거짓은 영장류와 같이 일정한 지능을 갖춘 소수의 종에게서만 발견할 수 있는 행위라고 생각하기 쉽지만, 자연생태계 전반적으로 흔하게 발견된다. 속이는 행위는 동물에게서도 쉽게 찾아볼 수 있다. 살아남기 위해 위장을 하는 식물들이 있으며 카멜레온처럼 몸의 색마저 바꾸는 동물도 있다. 주머니쥐는 죽은 척해서 자신을 방어한다. 미국 샌프란시스코 동물원에서 태어난 고릴라 코코는 수화를 이용해 천 개의 단어를 구사할 수 있다고 한다. 코코도 인간처럼 거짓말을 했다. 어느 날 코코는 자신이 싱크대를 벽에서 뜯어낸 잘못을 고양이에게 뒤집어씌운 적이 있다. 코코는 처벌을 피하기 위해 거짓말을 한 것이다. 동물들의 거짓은 학습에 의한 것이 아니다. 거짓말은 창의성과 관련이 있지만 동시에 본능이기도 하다.

다만 거짓말을 하는 방법은 후천적인 학습에 의한 것이다. 부모나 친구뿐만 아니라 텔레비전, 라디오 등 각종 미디어들이 전하는 유명 인사의 거짓말과 사회 분위기, 시대정신에도 영향을 받는다. 우리는 일생을 살아가면서 수많은 거짓말을 접하고 학습하며 살아간다. 매튜 헤르텐슈타인Matthew Hertenstei 드포대학교 심리학과 교수는 인간이 평생 2만 8,000번 정도의 거짓말을 한다고 주장한다. 굉장히 많은 것 같지만 2만 8,000번은 근래 늘어난 평균수명인 80세까지 하루에 단 한 번만 거짓말을 한다고 가정했을 때 나오는 수치다.

거짓말이란 의도적으로 사실을 전복시켜 거짓을 사실인 것처럼 꾸며대는 말이다. 인류 역사는 물론 생명의 역사와 함께해온 '거짓말' 자체에 내해 어떤 윤리적인 잣대를 쉽게 들이댈 수는 없을 것이다. 다만 거짓말이 질서를 전복하려는 변화의 움직임인 것만은 분명하다. 만약 우리가 거짓말에 대해 보다 많이 알아야 한다면, 우리 일상, 우리 역사와 밀접한

관계에 있는 거짓말을 들여다보는 것이 우리의 본질에 한발 다가서는 길이기 때문일 것이다. 한국인의 거짓말에 대해 알아야 하는 까닭도 바로 여기에 있다. 우리는 우리 자신에 대해 너무 무관심하다.

거짓말 실험을 통해 1,083개의 거짓말을 분석하면서 그간 거짓말에 대해 가지고 있는 지식들, 그리고 믿어 의심치 않았던 스스로의 사고와 행동에 대해 다시 생각하고 의심하게 되었다. 영상 속에 담긴 참가자들의 거짓말을 들여다보며 스스로를 직시하게 되었다. 우리는 의심이라는 방식을 통해 참과 거짓을 감지한다. 의심은 마음을 한편으로 치우치게 만든다. 마음이 한편으로 치우치면 편견이 생기게 되고 잘못된 의사결정을 할수 있다. 동시에 의심은 합리와 객관이라는 거리를 확보하게 해준다. 그리고 반추와 점검이라는 행위를 유도한다. 창의성과 거짓말이 동전의 양면과 같다면 거짓말과 의심은 또 다른 동전의 양면이기도 하다. 창의성과 거짓말과 의심, 세 가지의 순환은 거짓말의 본질이며 동시에 거짓말의 특성인 거짓말이 거짓말을 부르는 악순환을 끊는 힘이 되기도 하다.

인간은 왜 거짓말을 할까? 한국인들은 어떻게 거짓말을 할까? 거짓말로 인해 빚어지는 한국 사회의 문제점들을 어떻게 해결할 수 있을까? 남에게 하는 거짓말과 자기 자신에게 하는 거짓 가운데 어느 것이 더 위험할까? 나는 이런 질문들을 통해 문제를 해결하려고 많은 시간동안 고민했었다. 이 책은 그 결과 가운데 하나다.

따라서 이 책의 목적은 거짓말쟁이로 손가락질 받는 누군가를 다시 비난하거나 또는 거짓말에 대해 경고하고자 하는 데 있지는 않다. 한국 사회에서 거짓말이 줄어들기를 바라지만, 그동안 축적해온 지식을 공유함으로써 거짓말이 줄어들 것이라고도 생각하지 않는다. 다만 우리 주변에서 일상적으로 벌어지고 있는 거짓말에 대해 그 본질을 추적하고 싶었을 따름이다.

한국인의 거짓말을 분석하면서 우려되는 점이 한 가지 있다. 우리가 거짓말을 많이 하거나 또는 쉽게 속는 것이 아니라 거짓말에 대해 무감각해지고 있다는 것이다. 타인에게 거짓말을 지적받는 것은 가장 치명적인 모욕이다. 그리고 모욕이 되어야 한다. 그렇기 때문에 거짓말쟁이들은 거짓말을 시도할 때 사회에서의 신용과 관련된 모든 자격이 상실될 수 있음을 각오하고 거짓말을 한다. 그러나 우리 사회에서는 속였다가 들키는 사람의 회복보다 속은 사람의 회복이 훨씬 어렵다. 한국인의 거짓말이 가진 고유성은 바로 여기에 있는지도 모른다. 우리는 공정하지 못한 게임에서 스스로를 지킬 수 있어야 한다. 그러려면 우리 스스로가 어떻게 거짓말을 하는지 솔직하게 들여다볼 필요가 있다.

■ 참고문헌

《감성지능 EQ》, 대니얼 골먼, 비전코리아, 1996

《거짓말 새빨간 거짓말 그리고 과학》, 셰리 시세일러, 부키, 2010

《거짓말 잡아내기》, 폴 에크먼, 동인, 1997

《거짓말에 흔들리는 사람들》, 스텐 티 키틀, 애플북스, 2016

《거짓말을 읽는 완벽한 기술》, 잭 내셔, 2011

《거짓말의 비밀》, 그레고리 하틀리, 북노마드, 2011

《거짓말의 심리학》, 찰스 포드, 이끌리오, 2006

《거짓말의 심리학》, 필립 휴스턴, 추수밭, 2013

《거짓말의 힘》, 우테 에어하르트, 청림출판, 2013

《거짓말하는 착한 사람들》, 댄 애리얼리, 청림출판, 2012

《공감의 시대》, 제레미 리프킨, 민음사, 2010

《그 남자의 뇌 그 여자의 뇌》, 사이먼 배런코언, 바다출판사, 2007

《나는 너를 책처럼 읽을 수 있어》, 그레고리 하틀리, 도솔, 2008

《뇌는 어떻게 당신을 속이는가》, 제프리 슈워츠, 갈매나무, 2012

《도덕감정론》, 애덤 스미스, 한길사, 2016

《마음읽기》, 윌리엄 이케스, 푸른숲, 2008

《무한능력》, 앤서니 라빈스, 씨앗을 뿌리는 사람, 2005

《바디랭귀지 사용설명서》, 김형희, 일리, 2014

《배우 수업》, 콘스탄틴 스타니슬랍스키, 예니, 2001

《보디랭귀지》, 앨런 피즈, 북스캔, 2005

《비언어 커뮤니케이션》, 마크 냅, 커뮤니케이션 북스, 2012

《사피엔스》, 유발 하라리, 김영사, 2015

《새빨간 거짓말》, 통계, 대럴 허프, 더불어책, 2004

《생각에 관한 생각》, 대니얼 카너먼, 김영사, 2012

《설득의 심리학》, 로버트 치알디니, 21세기북스, 2013

《숨겨진 차원》, 에드워드 홀, 한길사, 2002

《스냅》, 매튜 헤르텐슈타인, 비즈니스북스, 2014

《악령이 출몰하는 세상》, 칼 세이건, 김영사, 2001

《언어의 진화》, 크리스틴 케닐리, 알마, 2012

《얼굴》, 대니얼 맥닐, 사이언스북스, 2003

《얼굴의 심리학》, 폴 에크먼, 바다출판사, 2006

《왜 그녀는 다리를 꼬았을까》, 토니야 레이맨, 21세기북스, 2009

《우리는 10분에 세 번 거짓말한다》, 로버트 펠드먼, 예담, 2010

《우리는 왜 자신을 속이도록 진화했을까》, 로버트 트리버스, 살림, 2013

《우리는 왜 친절한 사람에게 당하는가》, 황규경, 위즈덤하우스, 2015

《웃음의 과학》, 이윤석, 사이언스북스, 2011

《접촉》, 데스몬드 모리스, 지성사, 1994

《정서심리학》, JAMES W. KALAT, Cengage Learning, 2011

《질문의 책》, 그레고리 스톡, 새터, 1992

《질문의 힘》, 제임스 파일, 비즈니스북스, 2014

《촘스키처럼 생각하는 법》, 노르망 바야르종, 2010

《콜드리딩》, 이시이 히로유키, 웅진윙스, 2006

《탁월한 결정의 비밀》, 조나 레러, 위즈덤하우스, 2009

《텔링라이즈》, 폴 에크먼, 한국경제신문사, 2012

《표정의 심리와 해부》, 문국진, 미진사, 2007

《프레즌스》, 에이미 커디, 알에이치코리아, 2016

《피플워칭》, 데즈먼드 모리스, 까치, 2004

《항상 상처받는 나를 위한 심리학》, 커커, 예문, 2016

《협상의 전략》, 리처드 셸, 김영사, 2006

《FBI 행동의 심리학》, 마빈 칼린스·조 내버로, 리더스북, 2010

《SQ 사회지능》, 대니얼 골먼, 웅진지식하우스, 2006

《Evil Genius? How Dishonesty Can Lead to Greater Creativity》, Francesca Gino, Harvard University, 2014

《Facial Action Coding System: The Manual on CD ROM》, Paul Ekman, Wallace V. Friesen, and Joseph C. Hager, A Human Face, 2002

《I'm Sorry, I Didn't Mean To, and Other Lies We Love To Tell》, Jerald M. Jellison, McGraw-Hill/

Contemporary Books, 1977

《Lying Words: Predicting Deception From Linguistic Styles, Matthew L. Newman》, The University of Texas at Austin, 2003

《Sex differences in the functional organization of the brain for language》, Bennett Shaywitz, Yale University School of Medicine, 1995

《The Weirdest People in the World》, Joseph Henrich, University of British Columbia, 2008

《The Works' new study reveals Australian women are the biggest liars on social media platforms》, August 2015

《Word Power Made Easy》, Narman Lewis, Pocket Books, 1978

〈Prefrontal white matter in pathological liars Prefrontal white matter in pathological liar〉, Yaling Yang, 《British Journal of Psychiatry》, 2005

〈고등학생이 거짓말하는 이유와 교사들의 대응방식에 대한 현상학적 연구〉, 한진상, 《한국교육학연구》 제16권 제3호

〈구술진술에서 나타나는 은폐의 특징에 대한 연구〉, 황미경, 경기대학교 대학원, 2014. 12

〈변호사의 직업상 거짓말에 대하여〉, 윤혜진, 한국동서철학회논문집 동서철학연구 제 52호, 2009. 06.

〈한국 아동에서 살펴본 거짓말 행동, 틀린 믿음, 도덕 판단과 도덕정서〉, 함영미, 영남대학교 대학원, 2012. 12

〈Being Honest About Dishonesty: CorrelatingSelf-Reports and Actual Lying〉, Shaul Shalvi, 《Human Communication Research》, Volume 40, Issue 1, pages 54-72, January 2014

〈Fearless brain-damaged patients are terrified of suffocation〉, 《the guardian》, 3. February, 2013

〈Majority of Americans Say They Would Vacation Without Staying Connected〉, Hotels.com, 2014

〈Men are bigger liars than women〉, says poll, 《BBC News》, 2010

〈Study: Telling fewer lies linked to better health and relationships〉, 《Notre Dame News》, 2012

〈The effects of punishment and appeals for honesty on children's truth-telling behavior〉, Victoria Talwa, 《Department of Educational and Counselling Psychology》, McGill University, 2015 Feb.

대검찰청 정보마당 통계자료

3대 거짓말 범죄, 경찰청

도로교통공단 교통사고분석시스템

지금까지 몰랐던 한국인의 거짓말 신호 25가지

한국인의 거짓말

1판 1쇄 발행 2016년 11월 28일
1판 5쇄 발행 2017년 1월 11일

지은이 김형희
펴낸이 고영수

경영기획 이사 고병욱
기획편집1실장 김성수 **책임편집** 허태영 **기획편집** 김경수
마케팅 이일권 이석원 김재욱 곽태영 김은지 **디자인** 공희 진미나 김경리 **외서기획** 엄정빈
제작 김기창 **관리** 주동은 조재언 신현민 **총무** 문준기 노재경 송민진

펴낸곳 청림출판(주)
등록 제1989-000026호

본사 06048 서울시 강남구 도산대로 38길 11 청림출판(주) (논현동 63)
제2사옥 10881 경기도 파주시 회동길 173 청림아트스페이스 (문발동 518-6)
전화 02-546-4341 **팩스** 02-546-8053

홈페이지 www.chungrim.com
이메일 cr2@chungrim.com

ⓒ 김형희 2016
ISBN 979-11-5540-087-6 03180